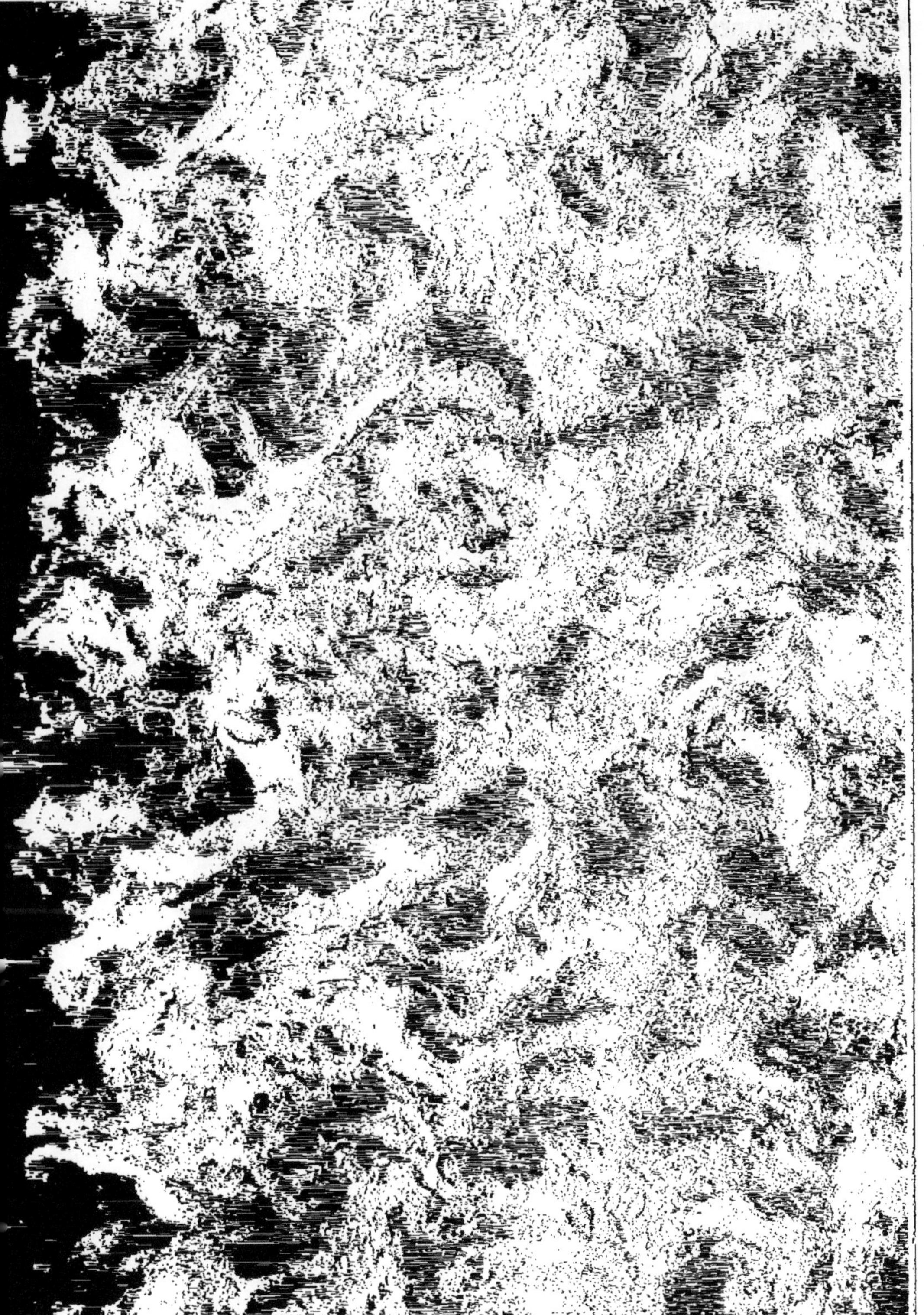

L'IMMUNITÉ

ETUDE

SUR L'ORIGINE ET LES DÉVELOPPEMENTS

DE CETTE INSTITUTION

PAR

Aug. PROST

MEMBRE DE LA SOCIÉTÉ NATIONALE DES ANTIQUAIRES DE FRANCE
ET DE L'ACADÉMIE DE METZ

PARIS

L. LAROSE ET FORCEL

LIBRAIRES-ÉDITEURS

22, RUE SOUFFLOT, 22

1882

L'IMMUNITÉ

(Extrait de la *Nouvelle Revue historique du droit français et étranger* 1882.)

Châteauroux. — Typ. et Stéréotyp. A. MAJESTÉ.

L'IMMUNITÉ

ÉTUDE

SUR L'ORIGINE ET LES DÉVELOPPEMENTS

DE CETTE INSTITUTION

PAR

Aug. PROST

Membre de la société nationale des antiquaires de France
et de l'académie de Metz.

PARIS

L. LAROSE ET FORCEL

LIBRAIRES-ÉDITEURS

22, RUE SOUFFLOT, 22

—

1882

L'IMMUNITÉ

ÉTUDE SUR L'ORIGINE ET LES DÉVELOPPEMENTS
DE CETTE INSTITUTION

Introduction. — I. Condition originaire de l'immunité. — II. Développements ultérieurs de l'immunité. — III. Les officiers de l'immunité. — Conclusion.

INTRODUCTION

§ 1. L'immunité. Sources de renseignements : les Capitulaires ; les Formules ; les Diplômes du *Gallia christiana* et autres. — § 2. Distribution des matières. Table chronologique des diplômes relevés dans le *Gallia christiana*.

— § 1. —

Le morcellement de l'autorité publique et l'aliénation de ses principaux attributs, le transport à des particuliers de la souveraineté même, et la confusion de ses droits avec ceux de la propriété sont des traits caractéristiques du régime social au moyen âge. Ce sont les résultats de causes diverses, mais avant tout les conséquences naturelles de concessions effectuées longtemps auparavant sous les deux formes du bénéfice et de l'immunité. Le bénéfice, qui devait conduire à la constitution du fief, est la condition ordinaire de l'aliénation de la chose publique au profit des possesseurs laïcs ; l'immunité est la forme que prend plutôt cette aliénation au profit des possesseurs ecclésiastiques, des évêques ou abbés, des églises, des abbayes. Est-ce à dire que jamais des laïcs n'aient été gratifiés d'immunités, ni des églises, de bénéfices ? Non, sans doute ; on a au contraire plus d'un exemple de concessions de ce genre ; mais le bénéfice d'une part, et l'immunité de l'autre sont, originairement au moins, les formes propres de l'aliénation des droits de l'État ou du souverain, en faveur des possesseurs qui se rangent dans chacune de ces deux catégories.

L'importance que les principautés ecclésiastiques ont eue dans les développements politiques du régime propre des villes, objet d'étude que nous avons en vue, nous a conduit à nous occuper de l'origine de ces principautés, comme d'un des points de l'histoire même des institutions municipales dans les cités. Des travaux préparés sur ce dernier sujet pris en général et sur ce qui concerne la ville de Metz en particulier, ont pour prolégomènes nécessaires une étude sur la question spéciale de l'immunité. De là le présent travail.

Avant d'entrer dans l'étude de l'immunité qui est un régime d'exception, nous devrons rappeler succinctement, pour en comprendre la signification et la portée, ce qu'était le régime de droit commun en vigueur, quand s'introduisit et se généralisa peu à peu, du Ve siècle au Xe, cette innovation. Les Capitulaires des deux premières races et les Formules anciennes permettent de se faire, pour cet objet, une idée suffisante des usages de ce temps. C'est à cette double source que nous emprunterons des notions sur ce sujet, c'est-à-dire sur les institutions qui régnaient alors, aussi bien que sur les dérogations qui y sont faites par la pratique des immunités. Pour les Formules anciennes, nous avons la collection définitive de M. de Rozière qui réunit toutes celles que l'on connaît aujourd'hui ; pour les Capitulaires, nous avons les deux recueils de Baluze et de Pertz qui, à certains égards, ne diffèrent pas beaucoup l'un de l'autre (1) et qui, malgré quelques imperfections, suffisent parfaitement à l'objet de la présente

(1) Pour les capitulaires nous avons consulté surtout l'édition de Baluze, à cause de ses excellentes tables, dont l'absence n'est pas compensée dans l'édition de Pertz par certains avantages d'une autre nature qui lui sont propres, mais qui étaient moins utiles pour l'objet que nous nous proposions.

étude. On a vivement critiqué ces deux recueils. Ce sont, en effet, au point de vue juridique, des compilations fort indigestes ; mais au point de vue historique, ce sont des mines abondantes de précieux renseignements, pour les temps auxquels ils se rapportent, et dont nous avons à nous occuper ici.

Pour ce qui est du sujet principal de notre travail, l'immunité, que nous suivons dans ses développements jusqu'au XIVe et au XVe siècle, nous ajouterons aux notions fournies par les Capitulaires et les Formules anciennes, des renseignements tirés des diplômes où il en est question dans les preuves du *Gallia christiana*.

Nous admettons que les institutions auxquelles se rapportent les Capitulaires et les Formules ont, malgré la diversité des dates de ces documents, une certaine unité ; supposition qui n'est nullement arbitraire, car ces dates sont toutes comprises dans une période de deux ou trois siècles, du VIIIe au Xe, où le régime politique et social a peu changé dans l'empire des Francs, auquel ces monuments appartiennent. Quant à l'ensemble des diplômes fournis par le *Gallia christiana*, il a le mérite de présenter un corps de renseignements concernant tous les pays à peu près, compris, pendant la même période, dans cet empire et dans les États qui se forment de son démembrement. Le cadre de notre étude se dessine ainsi dans les limites fournies par l'ancien empire des Francs ; du VIIIe siècle au Xe, pour l'immunité proprement dite ; du XIe au XIVe et jusqu'au XVe, pour ses développements ultérieurs. Quelques-uns des diplômes relatifs à l'immunité même, que contient le *Gallia christiana*, remontent il est vrai un peu plus haut que le VIIIe siècle ; d'autres en plus grand nombre descendent plus bas que le Xe. Les premiers ne diffèrent pas beaucoup de ceux qu'on trouve ultérieurement. Quant aux derniers, les particularités qu'ils contiennent sont pour la plupart en rapport étroit avec celles qu'on rencontre dans les diplômes antérieurs, ou bien elles se présentent comme des développements ou des conséquences de celles-là, et fournissent ainsi un complément de renseignements qui nous est nécessaire, sur les destinées ultérieures du régime institué par l'immunité.

Nous avons extrait du *Gallia christiana* cent quatre-vingt-seize pièces concernant l'immunité (1), pendant une durée de dix siècles, du Ve au XVe ; indépendamment d'une cinquantaine d'autres encore provenant du même recueil [§ 20, *sub fine*], auxquels nous emprunterons des notions concernant spécialement le *comitatus* [§ 22], la *civitas* [§ 24], l'*advocatus* (§ 32) et le *villicus* [§ 33]. Huit de ces cent quatre-vingt-seize pièces sont antérieures au VIIIe siècle ; quatorze sont du VIIIe ; soixante-une du IXe ; vingt-deux du Xe ; vingt-cinq du XIe ; quarante-sept du XIIe ; onze du XIIIe ; sept du XIVe, une du XVe. On pourrait facilement augmenter ce corps de documents en consultant les cartulaires tant manuscrits qu'imprimés qui existent encore et dont un grand nombre ont été publiés depuis la composition du *Gallia christiana*. On ne changerait guère ainsi la moyenne très suffisante des notions fournies par ce dernier recueil. On pourrait tout au plus mettre en lumière quelques particularités nouvelles, bonnes à étudier sans doute, mais qui probablement n'infirmeraient pas les conclusions que nous aurons à déduire des faits ayant un caractère général, sur lesquels les indications sont à peu près uniformes dans les documents que nous avons consultés. Nous n'aurons recours à ce supplément de renseignements que pour éclairer un peu plus qu'on ne peut le faire avec les seules

---

(1) Ces 196 diplômes ne sont pas tous des actes de concession ou de confirmation d'immunité. Un certain nombre ne se rapportent à l'immunité que par la mention de faits qui se rattachent à ce régime comme développements ou conséquences de l'institution. A ce titre ils appartiennent aussi à notre sujet. Cinquante des 196 diplômes relevés dans le *Gallia christiana* avec lesquels nous aurons à en citer plus loin quelques autres encore d'un caractère analogue [§ 20, *sub fine*], sont dans ce cas. Ils concernent des concessions ou confirmations de *Regalia jura*, de *Comitatus*, de *Centena*, de *Civitas* [§§ 21, 22, 23, 24]. Ils sont compris entre les dates de 996 et 1398, et figurent dans la table que nous donnons ci-après de ces diplômes [§ 2], sous les n°s 105, 108, 109, 111, 117, 121, 123, 124, 125, 127, 129, 130, 134, 139, 147, 148, 149, 150, 151, 152, 153, 157, 158, 160, 162, 163, 166, 167, 169, 170, 171, 172, 173, 174, 175, 176, 179, 181, 184, 185, 186, 187, 188, 189, 190, 191, 192, 193, 194, 195. Huit autres renferment, avec ces concessions ou confirmations, celle en outre de l'immunité. Ils sont compris entre les dates de 985 et 1214 et figurent dans la table sous les n°s 101, 116, 131, 136, 161, 168, 182, 183.

ressources du *Gallia christiana* les questions qui concernent notamment la *centena* et le *villicus* (1).

— § 2. —

Nous venons de faire connaître le sujet que nous nous proposons de traiter dans le présent travail. Nous avons dit quel en est l'objet et quels documents s'offrent à nous pour éclairer les questions qu'il comporte. Nous devons ajouter encore un mot à ces préliminaires, pour indiquer la distribution que nous avons faite des matières, dans notre étude. Une première partie sera consacrée à l'examen des conditions originaires de l'immunité. Une seconde partie contiendra le tableau de ses développements ultérieurs, au double point de vue de l'accroissement des territoires privilégiés et de celui des droits positifs qui accompagnent ordinairement le privilège. Une troisième et dernière partie est réservée à des considérations analogues sur le rôle progressivement agrandi des officiers de l'immunité. On trouvera un peu plus loin [§ 17] quelques observations qui justifient ce classement.

Nous avons signalé tout à l'heure 196 titres relatifs à l'immunité, relevés dans le *Gallia christiana*. Nous aurons à les mentionner souvent, dans la première partie surtout de notre travail. Il nous semble opportun d'en donner ici une table chronologique, avec des indications succinctes qui permettent de les reconnaître et de les retrouver facilement dans le grand ouvrage où nous les prenons, et auquel nous renvoyons pour justifier les citations que nous serons dans le cas d'en faire.

TABLE (2).

1. 496. Langres. IV, 125. — **2**. 528. Le Mans. XIV, 99. — **3**. 627. Worms. V, 451. — **4**. 638. Paris. VII, 2. — **5**. v. 660. Amiens. X,

---

(1) Les renseignements empruntés à ces sources particulières sont concentrés dans nos paragraphes 23, et 34, où sont en même temps indiquées quelles sont ces sources.

(2) Dans cette table, l'indication de chaque pièce contient, après un numéro d'ordre, sa date, le nom de l'Évêché qu'elle intéresse, les numéros du volume et de la page des *Instrumenta* de ce volume où elle se trouve, dans le *Gallia christiana*. Nous avons donné dans une note ci-dessus, à la fin du § 1, quelques indications sur les titres que mentionne cette table.

281. — **6.** v. 673. Châlons-s-M. X, 147. — **7.** 673. Bâle. XV, 185. — **8.** 683. Strabourg. V, 458. — **9.** 716. Paris. VII, 5. — **10.** 717. Paris. VII, 6. — **11.** 727. Bâle. XV, 186. — **12.** 750. Mâcon. IV, 263. — **13.** 761. Trèves. XIII, 298. — **14.** 770. Angers. XIV, 144. — **15.** 775. Trèves. XIII, 302. — **16.** 776. Metz. XIII, 378. — **17.** 778. Carcassonne. VI, 411. — **18.** 779. Chalon-s-S. IV, 223. — **19.** 787. Maguelonne. VI, 341. — **20.** 793. Poitiers. II, 346.

21. v. 800. Paris. VII, 9. — **22.** v. 800. Tours. XIV, 13. — **23.** v. 810. Strasbourg. V, 461. — **24.** 814. Mâcon. IV, 263. — **25.** 814. Narbonne. VI, 4. — **26.** 814. Nîmes. VI, 165. — **27.** 814. Vienne. XVI, 3. — **28.** 815. Autun. IV, 45. — **29.** 815. Langres. IV, 129. — **30.** 815. Nîmes. VI, 167. — **31.** 815. Carcassonne. VI, 412. — **32.** 815. Viviers, XVI, 249. — **33.** v. 816. Poitiers, II, 348. — **34.** 816. Paris. VII, 7. — **35.** 816. Trèves. XIII, 305. — **36.** 816. Tours, XIV, 19. — **37.** 817. Saint-Malo. XIV, 233. — **38.** v. 820. Carcassonne. VI, 413. — **39.** 821. Helena. VI, 474. — **40.** 826. Saint-Pons-de-Tomières. VI, 73.

41. 828. Tours. XIV. 22. — **42.** 833. Sens. XII, 6. — **43.** 837. Strasbourg. V, 463. — **44.** v. 840. Clermont. II, 117. — **45.** 841. Nevers. XII, 297. — **46.** 842. Blois. VIII, 411. — **47.** 843. Autun. IV, 46. — **48.** 843. Narbonne. VI, 4. — **49.** 843. Toulouse. XIII, 1. — **50.** 844. Narbonne. VI, 5. — **51.** 844. Saint-Pons-de-Tomières. VI, 74. — **52.** 844. Carcassonne, VI, 414. — **53.** 844. Helena. VI, 475. — **54.** 844. Tours, XIV, 31. — **55.** 844. Viviers, XVI, 249. — **56.** 845. Strasbourg. V, 464. — **57.** v. 846. Le Puy. II, 257. — **58.** 848. Agde. VI, 312. — **59.** 848. Vienne. XVI, 6. — **60.** 850. Limoges. II, 166.

61. 850. Autun. IV, 47. — **62.** 850. Tours. XIV, 35. — **63.** 854. Carcassonne. VI, 415. — **64.** v. 855, Carcassonne. VI, 416. — **65.** 859. Nevers. XII, 304. — **66.** 864. Trèves. XIII, 310. — **67.** 869. Helena. VI, 475. — **68.** 870. Vabres. I, 56. — **69.** 871. Helena. VI, 477. — **70.** 875. Clermont. II, 118. — **71.** 875. Chalons-s-S. IV, 224. — **72.** 877. Le Puy. II, 258. — **73.** 877. Poitiers. II, 358. — **74.** 885. Nevers. XII, 308. — **75.** 886. Nevers. XII, 309. — **76.** 886. Tours. XIV, 51. — **77.** 887. Nevers. XII, 311. — **78.** 888. Narbonne. VI, 10. — **79.** 889. Langres. IV, 135. — **80.** 889. Carcassonne. VI, 419.

81. 899. Trèves. XIII, 313. — **82.** 899. Saint-Pons-de-Tomières. VI, 76. — **83.** 900. Autun. IV, 65. — **84.** 909. Nîmes. VI, 171. - **85.** v. 914. Narbonne. VI, 12. — **86.** 920. Trèves. XIII, 318. — **87.** 920. Tours. XIV, 55. — **88.** 923. Le Puy. II, 221. — **89.** 924.

Blois. VIII, 412. — **90**. 937. Paris. VII, 18. — **91**. 947. Trèves. XIII, 321. — **92**. v. 950. Mâcon. IV, 278. — **93**. v. 962. Poitiers. II, 360. — **94**. 963. Constance. V, 541. — **95**. 974. Reims. X, 18. — **96**. 975. Laon. X, 188. — **97**. v. 980. Paris. VII, 19. — **98**. v. 980. Paris. VII, 20. — **99**. v. 980. Paris. VII, 21. — **100** v. 980. Noyon. X, 359.

101. 985. Liège. III, 148. — **102**. 985. Chartres. VIII, 294. — **103**. 990. Orléans. VIII, 487. — **104**. 991. Angers. XIV, 148. — **105**. 996. Tarentaise. XII, 377. — **106**. 1007. Paris. VII, 28. — **107**. 1007. Tours. XIV, 63. — **108**. 1011. Lausane. XV, 136. — **109**. 1015. Beauvais. X, 243. — **110**. 1016. Besançon. XV, 6. — **111**. 1023. Vienne. XVI, 18. — **112**. 1027. Chalons-s-S. IV, 228. — **113**. 1028. Chartres. VIII, 296. — **114**. v. 1030. La Rochelle. II, 380. — **115**. 1035. Beauvais. X, 244. — **116**. 1040. Cambrai. III, 16. — **117**. 1040. Liège. III, 150. — **118**. 1051. Tours. XIV, 69. — **119**. 1052. Metz. XIII, 396. — **120**. 1060. Paris. VII, 32.

121. 1071. Liège. III, 151. — **122**. v. 1080. Coutances. XI, 229. — **123**. 1080. Bâle. XV, 197. — **124**. 1085. Rome. VI. 349. — **125**. 1087. Gand. V, 325. — **126**. 1092. Besançon. XV, 14. — **127**. v. 1096. Chalons-s.-S. IV, 232. — **128**. 1098. Poitiers. II, 334. — **129**. 1100. Amiens. X, 295. — **130**. v. 1100 (ou 1200 ?) Reims. X, 33. — **131**. v. 1108. Séeze. XI, 156. — **132**. 1119. Paris. VII, 48. — **133**. 1120. Sens. XII, 23. — **134**. 1123. Ypres. V, 375. — **135**. 1123. Besançon, XV, 24. — **136**. v. 1124. Séeze. XI, 157. — **137**. 1128. Lisieux. XI, 204. — **138**. 1131. Séeze. XI, 160. — **139**. 1131. Besançon. XV, 26. — **140**. v. 1135. Coutances. XI, 232.

141. 1137. Paris. VII, 59. — **142**. v. 1140. Metz. XIII, 404. — **143**. 1142. Agde. VI, 322. — **144**. 1144. Troyes. XII, 264. — **145**· 1145. Auxerre. XII, 115. — **146**. v. 1145. Le Mans. XIV, 132. — **147**. 1146. Cambrai. III, 2. — **148**. 1147. Embrun. III, 179. — **149**. 1147. Viviers. XVI, 224. — **150**. 1149. Chartres. VIII, 332. — **151**. 1150. Beauvais. X, 259. — **152**. 1154. Amiens. X, 314. — **153**. 1155. Liège. III. 153. — **154**. 1155. Maguelone. VI, 358. — **155**. 1156. Uzès. VI, 299. — **156**. 1156. Maguelone. VI, 358. — **157**. 1156. Verdun. XIII, 573. — **158**. 1157. Lyon. IV, 17. — **159**. 1157. Narbonne. VI, 42. — **160**. 1157. Valence. XVI, 103.

161. 1165. Narbonne. VI, 44. — **162**. 1165. Die. XVI, 186. — **163**. 1167. Die. XVI, 188. — **164**. 1169. Clermont. II, 114. — **165**. 1173. Agde. VI, 326. — **166**. 1174. Bourges. II, 16. — **167**. 1175. Lyon. IV, 21. — **168**. 1175. Belley. XV, 343. — **169**· 1177. Viviers. XVI, 225. — **170**. 1178. Langres. IV, 187. —

171. 1178. Die. XVI, 188. — **172**. 1179. Langres. IV, 188. — **173**.
1180. Sens. XII. 57. — **174**. 1180. Cologne. III, 135. — **175**. 1184.
Maurienne, XVI, 298. — **176**. 1187. Agde. VI, 329. — **177**. 1197.
Luçon. II, 423. — **178**. 1204. Besançon. XV, 38. — **179**. 1206
Auxerre. XII, 147. — **180**. 1208. Maguelone. VI, 363.

181. 1209. Mâcon. IV, 288. — **182**. 1210. Lodève. VI, 284. —
183. 1214. Vienne. XVI, 45. — **184**. 1214. Viviers. XVI. 237·
— **185**. 1230. Valence. XVI, 113. — **186**. 1238. Die. XVI, 214·
— **187**. 1261. Toul. XIII, 529. — **188**. 1274. Besançon, XV, 96. —
189. 1302. Lausanne. XV, 172. — **190**. 1305. Viviers. XVI, 277.
— **191**. 1310. Besançon. XV, 102. — **192**. 1346. Metz. XIII,
414. — **193**. 1356. Lausane. XV, 179. — **194**. 1370. Genève. XVI,
181. — **195**. 1398. Besançon. XV, 107. — **196**. 1473. Metz. XIII
433.

I.

CONDITION ORIGINAIRE DE L'IMMUNITE.

§ 3. Le régime du droit commun et le régime exceptionnel de l'immunité.
— § 4. L'immunité ecclésiastique ; ses clauses habituelles dans les diplômes. — § 5. Le préambule des diplômes. — § 6. Les *judices publici*
et les *judices privati*. — § 7. Les clauses principales des diplômes :
Loca immunitatis non ingredi. — § 8. *Nec causas audiendas.* — § 9. *Nec
freda aut tributa exigenda.* — § 10. *Nec mansiones vel paratas faciendas.* — § 11. *Nec fidejussores tollendos.* — § 12. *Nec homines distringendos.* — § 13. *Nec redhibitiones aut illicitas occasiones requirendas.*
— § 14. *Sed imperio parere.* — § 15. Concession du *jus fisci.*
— § 16. Situation originaire du domaine privilégié. — § 17. Résumé.

— § 3. —

Comme nous l'avons dit tout à l'heure, il peut être
bon de jeter, au début de cette étude, un coup d'œil
rapide sur le régime de droit commun en vigueur au moment
où s'introduit et se généralise, du Ve siècle au Xe, le privilège
de l'immunité, qui constitue dans cette situation un régime
d'exception.

Au sein de l'empire des Francs, tous les ressorts de gou-
vernement étaient dominés alors par la haute supériorité du
souverain, empereur ou roi, dont les officiers avaient en main
l'exercice de l'autorité, dans toutes les branches de l'adminis-

tration indistinctement. Il n'existait, dans les intérêts de la société, de séparation bien accusée que celle des choses d'ordre ecclésiastique d'une part, et des choses de caractère laïc de l'autre ; les premières entre les mains du clergé, les dernières confusément remises à celles des agents et délégués du souverain.

Dans les attributions de ces agents se trouvaient les fonctions de toute espèce, militaires, administratives, judiciaires et financières, rapprochées de telle sorte que, si ces attributions diverses étaient jusqu'à un certain point partagées entre des fonctionnaires distincts dans les rangs inférieurs de ceux-ci, elles étaient au sommet toutes réunies entre les mains des chefs de la hiérarchie, dont les principaux étaient les comtes préposés à la fois, à l'armée et à l'administration, aux cours de justice et aux recettes de finances. Tous ces officiers du reste ou à peu près, grands et petits étaient compris sous les dénominations de *judex, judex publicus, judiciaria potestas*. Le mot *judex* paraît posséder dans ce cas et dépasser même l'élasticité des expressions officier et magistrat du français moderne.

C'est ainsi que l'on voit le *judex* par excellence, le comte, *comes*, organiser les milices et commander les guerriers, défendre le territoire, administrer les provinces et les villes, exercer le ban royal, obliger, contraindre, saisir les coupables, présider les cours de justice au civil et au criminel, faire exécuter les sentences, percevoir les amendes, les compositions dévolues au fisc, veiller à l'exécution des travaux publics, à la perception des impôts, à la rentrée des revenus de toute sorte. Ces attributions diverses confondues dans leurs mains ne se séparent guère, comme il vient d'être dit, qu'entre celles des agents inférieurs auxquels est remis le détail de leur application. Nous fournirons des explications sur quelques-unes de ces fonctions ; sur celles qu'il nous importe le plus de connaître, parce que leur limitation fait spécialement l'objet des exemptions concédées par l'immunité. Nous nous arrêterons aussi à l'examen de certains droits du fisc dont l'aliénation formelle, la concession directe, est jointe parfois aux exceptions formulées dans les diplômes d'immunité.

Le régime exceptionnel créé par l'immunité, n'était pas chose absolument nouvelle quand il s'introduisit et se développa dans l'empire des Francs. Les Romains de l'empire avaient connu un régime analogue, lequel n'avait pas pris au reste une bien grande extension, et différait notablement d'ailleurs de celui que nous avons ici en vue. Chez les Romains, l'immunité essentiellement individuelle concédée à quelques privilégiés avait pour objet d'affranchir ceux-ci, en vertu de certaines considérations, de l'obligation des charges publiques, c'est-à-dire du paiement de divers impôts et contributions, et de l'accomplissement des fonctions onéreuses (1). Dans l'empire des Francs, l'immunité accordée au possesseur n'était en quelque sorte pas individuelle. Attribuée, il est vrai, à un personnage ecclésiastique, à un évêque ou à un abbé, elle était concédée de fait à l'église même ou à l'abbaye qu'il gouvernait, ou, comme on le disait du reste formellement, au saint patron de celles-ci.

Les ecclésiastiques étaient le plus souvent l'objet de ces faveurs. On trouve cependant aussi des exemples de leur concession à des laïcs. Telles sont notamment les dispositions relatives aux Espagnols réfugiés en Aquitaine en 815 et en 844, aux *Forestarii* des Vosges en 822 , à *Leo et Leutrada* en 858, aux *Potentes (laïci)* en 864, aux *Fideles regis* dans certains cas en 877. Telles sont également celles qu'on relève dans quelques formules du recueil de M. de Rozière.

Ainsi, en 815, les Espagnols réfugiés en Aquitaine obtiennent l'exemption de certaines charges et celle de la juridiction du comte, sauf pour les causes majeures, avec le droit de décider entre eux des causes moindres, suivant leurs coutumes propres (2). En 844, exemption leur est encore accordée du droit de *mansio* des comtes et de leurs hommes, ainsi que du paiement de tous cens, tributs, et services autres que ceux usités antérieurement (3). En 822, les forestiers des Vosges sont affranchis de certaines charges publiques, et de plus, autorisés à se donner trois *ministri* annuels, et à ne subir que pour les

____

(1) On trouve encore quelques exemples de ces exemptions aux époques ultérieures. Voir ci-après une note du § 6.

(2) Ludovici imp. capitul. a. 815. — Baluze, capitul. I, 549.

(3) Caroli regis præcept. a. 844. — Ibid., II, 25.

causes criminelles la juridiction des comtes (1). En 858, Leo et Leutrada obtiennent le privilège de vivre sous la protection et immunité du roi, à l'abri de toute contrainte et *districtio* de la part d'un juge quelconque, *ullius potestatis judex* (2). En 864, les domaines de tout grand personnage, *potentis potestas vel proprietas*, sont assimilés, pour la jouissance de certains privilèges, aux terres du fisc ou de l'immunité (3). En 877, les mêmes avantages sont assurés aux terres, *beneficia et villæ*, des *fideles* qui sont hors de chez eux, à la suite du souverain (4). Une formule qui porte le n° XI dans le recueil de M. de Rozière énonce un privilège en vertu duquel le roi se réserve le jugement des causes intéressant certain particulier ; deux autres sous les n°s CXLVII et CLII sont la concession et la confirmation du privilège ordinaire de l'immunité à un homme de haut rang, *vir illuster* (5). Nous dirons tout à l'heure [§ 4] quelles étaient les conditions habituelles du privilège d'immunité.

Le régime de l'immunité s'était graduellement généralisé, à ce point qu'il avait fini par entrer en quelque sorte comme un cas particulier dans le droit commun. La recommandation de le respecter, *immunitates conserventur*, se rencontre fréquemment dans les capitulaires ; sa violation, *immunitas fracta*, était punie par la *compositio* de 600 sols, elle était frappée par le *bannum regale* [§ 16].

L'immunité était la condition ordinaire des terres du fisc. C'était souvent celle des domaines des églises. Celles-ci en réclamaient fréquemment la déclaration ou reconnaissance. De là les nombreuses chartes de concession et de confirmation du privilège d'immunité dont leurs archives et leurs cartulaires contiennent des copies. Ces chartes, à quelques variantes près, offrent toujours la même teneur, depuis les plus anciennes, aux VII° et VIII° siècles, jusqu'aux plus récentes, et jusqu'à la dernière même de celles dont nous trouvons le texte dans le *Gallia christiana,* sous la date assez basse de

(1) Ludovici imp. præcept. a. 822. — Rozière, formules n° XXVI.
(2) Caroli Burgund. regis præcept. a. 858. — Baluze, capitul. II, 1467.
(3) Caroli regis edictum Pistense. a. 864, c. 18. — Ibid., II, 181.
(4) Caroli imp. capitul. apud Carisiac. a. 877, c. 20. — Ibid., II, 266.
(5) Rozière, formules, n°s XI, CXLVII, CLII.

1473 (1). Les variations les plus notables offertes par le texte de ces documents consistent dans l'omission accidentelle plus ou moins fortuite de quelques termes d'une énumération qui avait fini par n'être plus que de style à ce qu'il semble, et dans le développement beaucoup plus important donné graduellement à la concession formelle de divers droits du fisc, *jus fisci*, dont l'indication accompagne parfois dès l'origine, d'une manière succincte, la mention des exemptions formulées dans la charte d'immunité. Nous parlerons successivement de ces exemptions d'abord, et ensuite des droits, *jus fisci*, aliénés par le souverain au profit des privilégiés.

Une observation qu'il n'est pas inutile de faire avant d'aller plus loin, c'est que, dans la langue des capitulaires, du VIIIe siècle au Xe, le mot *immunitas* désigne tantôt le privilège lui-même, tantôt le territoire auquel celui-ci est attaché.

— § 4. —

De ce qui précède ressort cette conclusion justifiée par les faits, que c'est dans les privilèges accordés aux églises que se rencontrent les plus nombreux exemples de concessions d'immunité. C'est là qu'on en trouve les types les plus complets. Nous prendrons comme tel, pour fondement de notre étude, la charte d'immunité donnée, en 815, par l'empereur Louis le Débonnaire à l'église d'Autun (2). En voici les termes essentiels :

—[a] « In nomine Domini... Ludovicus... imperator augus-
» tus ... quia venerabilis Modoinus Augustudunensis urbis
» ecclesiæ episcopus obtulit obtutibus nostris auctoritatem
» immunitatis domini et genitoris nostri... (et)... postulavit
» à nobis . . . ut paternum seu prædecessorum nostrorum
» regum morem sequentes . . . nostræ immunitatis præ-
» ceptum . . . circa ipsam ecclesiam fieri censeremus.
» Cui petitioni libenter adsensum præbuimus, et hoc
» nostræ auctoritatis præceptum... fieri decrevimus, per
» quod præcipimus atque jubemus, [b] ut nullus judex pu-

----

(1) N° 196 de notre table des diplômes relevés dans le *Gallia christiana*
[§ 2].

(2) *Gallia christiana* t. IV, Instrum. ecclesiæ Eduensis, n° VI, p. 45.

» blicus, vel quislibet ex judiciaria potestate, [c] in ecclesias
» aut loca vel agros seu reliquas possessiones, quas moderno
» tempore... possidet ecclesia, vel ea quæ deinceps in jure
» ipsius sancti loci voluerit divina pietas augeri, [d] ad cau-
» sas audiendas, [e] vel freda aut tributa exigenda, [f] aut man-
» siones vel paratas faciendas, [g] aut fidejussores tollen-
» dos, [h] aut homines ipsius ecclesiæ, tam ingenuos quam
» servos super terram ipsius commorantes distringen-
» dos, [i] nec ullas redhibitiones aut illicitas occasiones requi-
» rendas, [k] nostris et futuris temporibus ingredi audeat, [l]
» vel ea quæ super memorata sunt penitus exigere præ-
» sumat. [m] Sed liceat memorato præsuli, suis que suc-
» cessoribus res prædictæ ecclesiæ cum monasteriis et cellu-
» lis seu parochiis sibi subjectis et rebus vel hominibus ad
» se pertinentibus, vel aspicientibus, sub tuitionis atque immu-
» nitatis nostræ defensione, remota totius judiciariæ potes-
» tatis inquietudine, quiete possidere, [n] et nostro parere
» imperio, atque pro incolumitate nostra... seu etiam totius
» imperii... Dei... clementiam... exorare delectet, [p] Et
» quidquid de præfatæ rebus ecclesiæ jus fisci exigere poterit
» in integrum eidem concessimus ecclesiæ; scilicet ut per-
» petuo tempore ei ad peragendum Dei servitium augmen-
» tum et supplementum fiat... [q] Data XI kalend. Augusti
» anno... II. imperii domini Ludovici piissimi Augusti. In-
» dict. VIII. Actum Paderburno in Saxonia, in nomine Dei
» feliciter, Amen ».

Le type fourni par ce diplôme de 815, subit en mainte
circonstance, il faut bien le dire, des modifications ; et si
quelques-unes ne sont que des formes accidentelles de rédaction, un certain nombre d'autres consistent en développements et en additions véritables. Néanmoins ces modifications ne changent pas l'esprit originaire de la concession d'immunité ; et, en même temps qu'elles se produisent dans
certains diplômes, on ne cesse pas de trouver encore quelques-
uns de ceux-ci rédigés dans les termes primitifs. Le *Gallia
christiana* en contient de tels, même après le Xe siècle. Nous
en citerons notamment 9 qui sont dans ce cas, sous les dates
de 1007, 1007, 1028, 1051, 1052, 1169, 1201, 1214, 1473 (1).

(1) Ces pièces sont indiquées dans la table que nous avons donnée

Outre les modifications et additions que subit parfois dans quelques-uns de ses articles le type fourni par le diplôme de 815, il y a lieu de reconnaître encore que ces articles ne se trouvent pas toujours réunis dans chaque diplôme de concession d'immunité. Cependant on les relève finalement, en plus ou moins grand nombre, dans la plupart de ces documents, dans ceux notamment que nous empruntons pour la présente étude au *Gallia christiana*. Ainsi, parmi les 196 pièces que nous avons extraites de cet ouvrage et dont un certain nombre sont des concessions ou des confirmations d'immunité, on trouve mentionné dans 111 le *judex publicus* [b] ; dans 85, la défense qui lui est faite de pénétrer, (*ne*) *ingredi audeat*, dans les domaines de toute sorte, *ecclesias, loca, agros, seu reliquas possessiones*, garantis par l'immunité [c, k]; avec l'indication détaillée des actes qui lui sont interdits sur le territoire de ces domaines : *ad causas audiendas* [d], dans 81 pièces ; *nec freda aut tributa exigenda* [e] dans 78 pour les *freda*, dans 34 seulement pour les *tributa ; nec mansiones vel paratas faciendas* [f] dans 79 pour les *mansiones*, dans 75 pour les *paratas ; nec fidejussores tollendos* [g] dans 71 ; *nec homines distringendos* [h] dans 76 ; *nec redhibitiones aut illicitas occasiones requirendas* [i] dans 80. L'obligation *parere imperio* [n] figure dans 23 titres seulement, sous cette forme ou bien sous d'autres formes analogues [§ 14]. Cette dernière clause était évidemment sous-entendue, quand elle n'était pas exprimée formellement, dans le diplôme d'immunité. Enfin, la concession du *jus fisci* [p] est ajoutée dans 56 pièces aux exceptions qui constituent à proprement parler l'immunité (1).

Sous la réserve des observations qui précèdent, on peut admettre que les particularités essentielles qui concernent originairement l'immunité se rapportent toutes aux termes mêmes des divers articles contenus dans le diplôme de 815. Ces articles devront donc l'un après l'autre servir en quelque

ci-dessus des diplômes relevés dans le *Gallia christiana* [§ 2], sous les nos 106, 107, 113, 118, 119, 164, 178, 183, 196.

(1) L'indication des pièces mentionnant ces divers objets est reproduite et donnée avec plus de détails et avec les renvois aux documents eux-mêmes, ci-après, dans chacun des paragraphes relatifs à ces matières.

sorte de rubriques à autant de paragraphes consacrés successivement ici aux explications que nécessitent ces particularités. Nous suivrons l'ordre naturel qui nous est ainsi offert, pour ranger sous chacun de ces chefs ce que nous avons à dire à leur sujet.

— § 5. —

Dans le diplôme de 815 pris pour type des chartes d'immunité que nous voulons étudier [§ 4], le préambule [a] donne lieu à deux observations qui s'appliquent à presque toutes les pièces du même genre ; qu'il y soit question de la concession ou de la confirmation du privilège. C'est que : 1° l'immunité est, soit accordée, soit confirmée sur la demande formelle des intéressés ; 2° cette demande est généralement motivée par la considération qu'une grâce semblable a antérieurement déjà été concédée par les prédécesseurs du prince de qui on la sollicite.

La demande est souvent appuyée par les prières et les instances de personnages considérables, par celles quelque fois de l'épouse du souverain. Quant à la considération des grâces analogues antérieurement obtenues, elle est souvent justifiée par la présentation, est-il dit, des diplômes délivrés alors pour cet objet. Quelquefois ces diplômes simplement rappelés sont dits s'être perdus, être tombés de vétusté ou bien avoir péri dans les accidents de guerre, dans des incendies, etc. D'autres fois il est seulement fait mention de la libéralité des princes qui sont déclarés s'être signalés ainsi par leur haute bienveillance, et par leur piété. Ce qu'on sait des pratiques habituelles du moyen âge, en pareille matière, permet de penser que les diplômes antérieurs, quand on les montrait, n'étaient pas toujours très authentiques, et que ceux qu'on se bornait à citer étaient dans bien des cas purement imaginaires (1).

Quelques-uns des diplômes que nous relevons dans le *Gallia christiana* ne sont pas à l'abri de tout soupçon de falsification. Le plus ancien, notamment, attribué à Clovis sous la date de 496, est faux vraisemblablement. Nous n'avons pas

____

(1) Voir à propos de ces abus, un fait analogue mentionné ci-après, § 26

cru devoir cependant ni éliminer celui-là, ni soumettre les autres à la critique rigoureuse qui leur serait dûe à ce point de vue ; parce que celui auquel nous devons nous placer dans cette étude n'exige pas une semblable rigueur. Dans l'hypothèse même de la réalité des fraudes dont ils ont pu être l'occasion et le résultat, l'origine de ces documents remonte incontestablement à l'époque au moins où étaient en vigueur les usages qu'ils relatent ; et, dans ces conditions même, ils peuvent encore témoigner de l'existence et de la nature de ces usages, dont l'examen est le principal objet de notre travail.

Ainsi, tout en faisant à leur sujet d'expresses réserves sur leur date, quand elle est antérieure surtout aux VIII⁰ et XI⁰ siècles, on peut les accepter pour cette dernière époque au moins,.en raison de la conformité que présentent leurs dispositions avec la législation des capitulaires, qui appartient pour la plus grande partie à ce temps même. Les clauses de l'immunité se rattachent expressément à cette législation ; et si elles se conservent ensuite pendant longtemps encore, jusqu'à une époque relativement assez basse, puisque nous en trouvons encore un exemple sous la date de 1473 [§ 2, table n° 196], c'est dans les conditions d'une rédaction qui n'est plus alors que de style en quelque sorte, et avec une interprétation souvent fort éloignée de leur sens originaire, comme nous le montrerons pour quelques-uns de ces documents.

— § 6. —

A la suite du préambule, la première indication que nous trouvons dans le diplôme d'immunité de 815 est celle de l'interdiction opposée en vertu de l'immunité à l'action de tout *judex publicus* (1) et en général de toute personne ayant à

---

(1) La mention du *judex publicus* pour lui interdire les actes don‚ 'exemption constitue l'immunité se trouve dans 111 des 196 diplômes relevés dans le *Gallia christiana*. Ils sont compris entre les dates de 627 et de 1473 et figurent dans la table que nous avons donnée de ces diplômes [§ 2], sous les n⁰ˢ 3, 4, 5, 6, 8, 9, 11, 12, 13, 14, 15, 16, 18, 19, 20, 21, 22, 23, 24, 25, 26, 27, 28, 29, 30, 31, 32, 33, 34, 35, 36, 37, 38, 39, 40, 41, 42, 43, 44, 45, 46, 47, 48, 49, 50, 51, 52, 53, 54, 55, 56, 57, 58, 59, 60, 61, 62, 63, 64, 65, 66, 67, 68, 69, 70, 71, 72, 73, 74, 75, 76, 77, 78, 79,

divers degrés et pour divers objets le même caractère, *quislibet ex judiciaria potestate* [§ 4, *b*].

Bignon, dans ses notes sur les formules de Marculfe (1),
dit à tort suivant nous que l'expression *judex publicus* est
employée ici par opposition à celle *judex ecclesiasticus*, et
non à celle *judex privatus*. Il fonde cette opinion sur la considération qu'on trouve, et cela est exact, dans certains textes le *judex publicus* opposé au *judex ecclesiasticus ;* mais,
dans ce cas particulier, cette opposition vient simplement de
ce que ces textes mentionnent des immunités concédées à des
églises, et que le *judex privatus* se trouve être alors un *judex
ecclesiasticus*. Bignon s'appuie encore pour justifier son interprétation sur l'opinion que le *judex publicus* exerçant la justice royale, le *judex privatus* se trouverait avoir dès lors pour
attribution l'exercice de la justice privée ; et, ajoute-t-il, la justice privée n'existait pas aux VIIIe et IXe siècles. Mais, comme
nous l'avons dit [§ 3], le mot *judex* est un terme général qui
s'appliquait alors à tous les agents de l'autorité ; et, à côté
du *judex publicus,* à qui incombaient, avec les fonctions judiciaires, beaucoup d'autres fonctions d'intérêt public, celles
de police et d'ordre administratif notamment, le *judex privatus* pouvait avoir des attributions limitées à quelques-unes
de celles-ci. Tel était originairement le *judex immunitatis* (2).
Tel était aussi jusqu'à un certain point, c'est-à-dire dans des
conditions plus larges peut-être, le *judex fisci* ou *judex villæ
regiæ* (3). On trouve les *judices privati* nommés après les
judices publici, dans un diplôme de Dagobert pour Saint-
Denis cité par Bignon lui-même, dans l'article précisément
où il conteste leur réalité (4).

80, 81, 82, 83, 84, 85, 86, 87, 88, 90, 91, 92, 95, 96, 97, 98, 101, 102, 103,
107, 110, 113, 118, 119, 128, 135, 144, 154, 155, 156, 164, 165, 177, 178,
180, 183, 196.

(1) Baluze, capitul., II, 878.

(2) Caroli regis capitul. a. 779, c. 9. Baluze, capitul. I, 197. — Caroli
imp. capitul. a. 801, c. 18. Ibid., I, 351. — Angesisi capitul. L. V, c. 195.
Ibid., I, 860.

(3) Caroli regis capitul. a. 858, c. 14. Ibid., II, 115.

(4) « Et ut ab omnibus optimatibus nostris et judicibus publicis ac pri-
» vatis melius ac certius credatur... etc. » — Bignon, *Notæ ad Marculfum.*
— Ibid., II, 878.

Le *judex publicus* est alors, avec les attributions les plus variées, l'agent de l'autorité publique à tous les degrés, depuis le comte, qui est le *judex* par excellence, jusqu'à ceux qui sont qualifiés simplement *actores* et *agentes*. La variété des actes qui leur sont interdits dans les diplômes d'immunité [§ 4] suffirait pour le démontrer.

Dans la catégorie des officiers compris sous la dénomination de *judex publicus,* se trouvent les *missi regis vel imperatoris,* les *comites, vicecomites, vicarii, centenarii, exactores, actores, agentes.*

Le *missus* était un grand personnage soit laïc, soit ecclésiastique, chargé de surveiller, en parcourant les provinces, les actes des agents sédentaires et de les suppléer au besoin.

— « Ut in singulis partibus regni, missi idoneiconstituantur, » qui querelas pauperum et oppressiones sive quorumcun- » que causas examinare et secundum legis æquitatem valeant » definire. » — Caroli regis capitul. a. 847, c. 7. — Baluze, capitul. II, 42.

— « Coram rege vel comite et scabiniis vel missis dominicis » qui tunc ad justicias faciendas in provincia fuerint ordi- » nati. » — Caroli imp. capitul. a. 803, c. 7. — Ibid. I, 398.

— « Ut omnis episcopus abbas et comes... nullam excusa- » tionem habeat quin ad placitum missorum nostrorum ve- » niat. » — Angesisi capitul. L. IV, c. 71. — Ibid. I, 790.

Le comte, *comes,* dans le territoire soumis à son autorité, présidait à tous les services judiciaires, administratifs et militaires :

— « Judicem fiscalem quem comitem vocant. » — Dagoberti regis capitul. a. 630, c. 53. — Baluze, capitul. I, 39.

— « Vult dominus imperator ut in tale placitum quale ille » tunc jusserit, veniat unusquisque comes, et adducat secum » XII scabinos. » — Ludovici imp. capitul. a. 819, c. 2. — Ibid. I, 605

— « Comites nostri licentiam habeant inquisitionem facere » de vicariis et centenariis qui magis propter cupiditatem » quam propter justiciam faciendam sæpissime placita tenent » et exinde populum nimis affligunt. » — Hlotharii imp. capitul. a. 817, c. 3. — Ibid. II, 321.

— « Liberi homines cum comite suo in exercitum pergant. »

— Ludovici, imp. præceptum I, a. 815, c. 1. — Ibid. I, 549.

Le vicomte, *vicecomes,* est nommé très rarement dans les capitulaires, c'était, à ce qu'il semble, originairement au moins une sorte de lieutenant du comte :

— « Habeat... unusquisque comes... vicecomitem suum. »
— Caroli regis capitul. a. 864, tit. 36, c. 14. — Baluze, capitul. II, 179.

— « Comes præcipiat suo vicecomiti... ac reliquis ministris » reipublicæ. » — Carloman. regis capitul. a. 882, c. 9. — Ibid. II, 289.

Le *vicarius* était un agent subordonné au comte, qui semble tantôt tenir la place de celui-ci et le suppléer, tantôt occuper au-dessous de lui un office analogue au sien, et exercer une juridiction inférieure et limitée, présider des plaids, quelquefois même procéder aux arrestations, aux exécutions criminelles, ou bien s'occuper de la levée de certains tributs :

— « Ut comites et vicarii eorum legem sciant, ut ante eos » injuste neminem quis judicare possit. » — Caroli imp. capitul. V. a. 803, c. 19. — Baluze, capitul. I, 400.

— « Comitem ordinamus... ; super... vicarios et scabinos » quos sub se habet... inquirat. » — Caroli regis præcept. a. 789. — Ibid. I, 250.

— « De vicariis et centenariis qui magis propter cupiditatem » quam propter justiciam faciendam sœpissime placita te- » nent. » — Ludovici imp. capitul. III, a. 829, c. 5. — Ibid. I, 671.

— « Ut ante vicarium et centenarium de proprietate aut » libertate judicium non terminetur. » — Caroli imp. capitul. I, a. 810, c. 2. — Ibid. I, 473.

— « Vicarii patibulos habeant. » — Caroli imp. capitul. II, a. 813, c. 11. — Ibid. I, 509.

— « Ut vicarii et (vel) centenarii qui fures et latrones vel » celaverint vel defenderint, secundum sibi datam sententiam » dejudicentur. » — Ludovici imp. capitul. v. a. 819, c. 20. — Ibid. I, 617.

— « Quicunque vicarii vel alii ministri comitum tributum » quod inferenda vocatur majoris pretii in populo exigere » præsumpserit quam... constitum fuerit..., hoc... restituat. »

— Ludovici imp. capitul. II, a. 829, c. 15. — Ibid. I, 669.

— « Unusquisque vicarius singulis comitatibus in suo mi-
» nisterio... prævideat. » — Caroli imp. capitul. a. 807, c. 7.
— Ibid. I, 460.

Le *centenarius* était un agent du même ordre à peu près que
le *vicarius*, et d'après trois des exemples que nous venons
de citer il paraît s'être jusqu'à un certain point confondu
avec lui. Aux attributions d'une juridiction inférieure il joi-
gnait celles de la poursuite et de la saisie des criminels.

— « Omnis controversia coram centenariis diffiniri potest,
» excepta redhibitione terræ, et mancipiorum quæ non po-
» test diffiniri nisi coram comite. » — Caroli imp. capitul. a.
801, c. 30. — Baluze, capitul. I, 354.

— « Si quis centenarium aut quemlibet judicem noluert su-
» per malefactorem ad prindendum adjuvare, lx. solid... con-
» demnetur. » — Childeberti regis decretum a. 595, c. 9. —
Ibid. I, 19.

L'*exactor*, son nom l'indique suffisamment, était une sorte de
percepteur. Cet officier ne se trouve que rarement cité dans
les capitulaires :

— « Clericus vel monachus neque exactor publicarum (re-
» rum), neque conductor aut vectigalium magister, vel curator
» domus, vel procurator litis, vel fidejussor in talibus causis
» fiat. » — Angesisi, capitul. L. VI, c. 124. — Ibid. I, 944.

— « Quidquid provincialibus per beneficium principis tri-
» butorum fuerit relaxatum, ab exactore non requiratur. » —
Angesisi capitul. L. V, c. 369. — Ibid. I, 903.

Actor et *agens* sont des expressions d'un caractère général,
qui s'appliquent à toute sorte d'employés d'ordres divers,
permanents ou accidentels, chargés des intérêts publics ou
de certaines affaires des particuliers. On trouve non seulement les *actores publici, actores reipublicæ, actores dominici*,
les *agentes publici, agentes nostri* (regis), mais encore les
actores fisci, villarum regiarum, les *actores ecclesiæ*, les
agentes potentium, episcoporum, abbatum, ecclesiarum :

— « Ecclesiarum servos... a judicibus vel actoribus publicis
» in diversis angariis non fatigari... præcipimus. » — Angesisi capitul. L. VII, c. 290. — Baluze, capitul. I, 1090.

— « Sancimus... ut singuli comites et actores reipublicæ in

» suis ministeriis legalem procurent populo facere justi-
» tiam. » — Ludovici imp. capitul. a. 855, c. 2. — Ibid·
II, 357.

— «Si... comes vel actor dominicus vel alter missus palatii
» nostri hoc perpetraverit. » — Angesisi, capitul. L. IV, c. 44.
— Ibid. I, 786.

— « Ecclesiæ vel clericis nullam requirant agentes publici
» functionem, qui avi vel genitoris... nostri immunitatem (1)
» meruerunt. » — Chlotharii regis constitutio general. v. 560,
c. 11. — Ibid. I, 8.

Tous ces officiers et agents publics sont compris sous les
dénominations de *judex publicus* et *quislibet ex judiciaria
potestate,* dans les diplômes d'immunité dont l'objet est de
suspendre leur action sur les terres privilégiées.

Les diplômes relevés dans le *Gallia christiana* fournissent,
pour les personnages et officiers qui représentent le *judex publicus* des temps carolingiens, les dénominations suivantes
qu'il est bon de signaler. Nous les mentionnons, avec les numéros des titres qui les contiennent dans la table que nous avons
donnée de ces diplômes [§ 2]. Ce sont celles des souverains
eux-mêmes, *imperator, rex,* et de leurs officiers de l'ordre le
plus élevé, *dux* et *comes* (n°s 92, 94, 98, 112, 132, 159, 161,
168), celles du *comes* encore avec celles des *vicecomes, vicarius
et missus* (n°s 71, 83, 85, 95, 100, 101, 102, 114, 115, 116, 144,
165, 180, 182), *officialis regius* (n° 177), *minister publicus*
(n°s 92, 114), *publicus administrator* (n° 85), *reipublicæ offi-
ciarius* (n° 196), *reipublicæ administrator* (n° 86), *reipublicæ
procurator* (n°s 70, 72, 76, 87, 107, 119, 164), *exactor* (n° 92),
publicæ rei exactor (n°s 59, 93, 135), *sæcularis exactor* (n° 115).

Quelques diplômes mentionnent encore, avec les *judices
publici,* pour interdire aussi leur action sur les terres de
l'immunité, les *fideles regis* ou *optimates regni,* grands personnages auxquels étaient souvent confiées des commissions
d'intérêt public :
— « Ut pacem et concordiam habeant ad invicem fideles

(1) L'*immunitas* dont il s'agit ici est une exemption de charges publiques du genre de celles, ce semble, qui constituent l'immunité romaine,
dont nous avons parlé précédemment [§ 3].

» nostri. » — Capitul. IV incerti anni, c. 2. — Baluze, capitul. I, 529.

— « Ut nullus optimatum.... in judicio residens munera ad judicium pervertendum recipiat.... » — Dagoberti regis capitul. a. 630, c. 88. — Ibid. 1, 52.

Parmi les diplômes d'immunité que nous offre le *Gallia christiana*, on trouve ainsi les *fideles* mentionnés avec les *judices publici* dans une quinzaine de pièces de 814 à 899, concernant surtout les églises du centre et du sud-ouest de la France (1). Dans deux documents du même genre, de 875 et de 900, cette dénomination est remplacée par celle de *missi* (2) qui dans ce cas paraît être équivalente.

— § 7. —

Après la mention des officiers publics dont l'action est suspendue par le privilège d'immunité, vient dans les diplômes la désignation des lieux dont l'accès leur est interdit et où il leur est défendu de pénétrer (3), (*ne*) *ingredi audeat* [§ 4, *k*], pour y exercer cette action (4). Le texte type que nous avons pris pour fondement de notre étude mentionne ainsi les églises, leurs dépendances, les terres et autres possessions du privilégié : *in ecclesias aut loca vel agros seu reli-*

(1) Dans les évêchés de Langres, Nevers, Tours, Poitiers, Limoges, Le Puy, Vienne, Nîmes, Toulouse, Carcassonne, Narbonne, Héléna, Saint-Pons-de-Tomières. Les pièces en question comprises entre les dates de 814 et 899 figurent dans la table que nous avons donnée des diplômes relevés dans le *Gallia christiana* [§ 2] sous les nᵒˢ 25, 26, 27, 29, 33, 45, 49, 50, 52, 54, 57, 60, 69, 78, 82.

(2) Ces deux documents appartenant aux évêchés de Chalons-s-S. et d'Autun portent dans notre table [§ 2] les nᵒˢ 71 et 83.

(3) Cette interdiction *ne ingredi audeat* est exprimée dans 85 des 196 diplômes relevés dans le *Gallia christiana*. Ils sont compris entre les dates 496 et 1473 et sont indiqués dans la table que nous avons donnée de ces diplômes [§ 2], sous les nᵒˢ 1, 2, 4, 5, 9, 10, 11, 12, 13, 14, 15, 16, 17, 18, 19, 20, 22, 23, 24, 25, 26, 27, 28, 29, 30, 31, 32, 33, 34, 35, 36, 37, 38, 39, 40, 41, 42, 43, 44, 45, 47, 48, 49, 50, 51, 52, 53, 54, 55, 56, 59, 60, 61, 62, 63, 64, 67, 69, 70, 72, 73, 76, 78, 79, 80, 84, 87, 91, 99, 101, 103, 106, 107, 110, 113, 114, 116, 118, 119, 128, 154, 164, 178, 183, 196.

(4) Un diplôme de 985 donne la variante (*ne*) *residere audeat* dont l'accent particulier est bon à noter. Ce diplôme figure dans la table que nous donnons de ceux relevés dans le *Gallia christiana* [§ 2], sous le nᵒ 101.

quas possessiones [§ 4, *c*]. Dans ce texte, le mot *loca* désigne, croyons-nous, après les églises, leurs dépendances bâties, les cloîtres et monastères par exemple, comme *agros* désigne leurs dépendances rurales, les domaines formant leur dotation. Les termes *reliquas possessiones* comprennent tout ce qui aurait pu échapper à cette énumération succincte. Un article des capitulaires montre que cette large interprétation pouvait rencontrer quelque fois des difficultés d'application et des oppositions. On y lit ce qui suit :

— « Pervenit ad nos quod quædam ecclesiæ aut monasteria
» nostras et prædecessorum nostrorum immunitates habentia,
» multa præjudicia et infestationes à quibusdam patiantur ;
» et nec per easdem immunitates ullam defensionis tuitio-
» nem habere valeant, propter hoc quod ab eisdem emunita-
» tum temeratoribus dicatur non plus immunitatis nomine
» complecti quam claustra monasterii ; cætera quoque, quam-
» vis ad easdem ecclesias vel monasteria pertineant, extra
» immunitatem esse. Propter hoc volumus atque decernimus
». ut omnes intelligant non solum claustra monasterii vel
» ecclesiæ, atque castitia ecclesiarum sub immunitatis defen-
» sione consistere, verum etiam domus et villas et septa
» villarum et piscatoria manu facta, et quidquid fossis aut
» sepibus vel etiam alio clausarum genere præcingitur, eodem
» immunitatis nomine contineri. » —Angesisi capitul. L. V,
c. 279. — Baluze, capitul. I. 880.

Ce texte semble favoriser expressément l'extension de l'immunité à tous les biens du privilégié (1). De plus, pour éviter toute ambiguïté, un grand nombre de chartes d'immunité complètent l'énumération que nous venons de signaler, par des développements où l'on trouve la mention expresse des *monasteria, castella, arces, villas, vicos*, etc., compris parmi ces biens.

Une observation essentielle qui se rapporte au même objet, c'est que, suivant les termes mêmes du diplôme de 815 [§ 4, *c*, *k*],

---

(1) Cependant la fin du même article des capitulaires que nous donnons plus loin [§ 16] montre qu'il y avait alors des limites à cette application de l'immunité, et que primitivement, selon toute apparence, celle-ci ne s'étendait pas à la totalité des possessions dont était saisie l'église privilégiée.

une disposition reproduite dans la plupart des chartes d'immunité porte que celle-ci est acquise non seulement pour le présent mais encore pour l'avenir, *nostris et futuris temporibus;* non seulement aux possessions actuelles du privilégié, mais encore à toutes celles qui pourront lui échoir à l'avenir, *possessiones quas moderno tempore... possidet... vel ea quæ deinceps (possidebit).* L'histoire de certaines églises, en ce qui touche particulièrement leurs domaines, montrerait que cette clause n'était pas de style simplement, et que l'application en a été faite positivement. Nous nous contenterons de citer à cet égard une observation due à M. Boutaric (1) touchant un procès jugé vers 1275 en faveur de l'abbaye de Saint-Maur-des-Fossés, pour assurer à un de ses domaines acquis à Corbeil postérieurement au IX⁰ siècle, certains avantages qu'on faisait découler alors d'une concession d'immunité obtenue par elle de Louis le Débonnaire et de Charles le Chauve en 816 et 841 [§ 20].

Cette extension de l'immunité à tous les domaines acquis successivement par les églises, jointe aux singulières interprétations qu'on en vint graduellement à donner aux termes employés dans les chartes d'immunité, furent, comme on le comprend sans peine et comme nous le montrerons un peu plus loin, des principes féconds, d'où devait procéder le développement considérable pris ultérieurement par les principautés, on pourrait dire par les souverainetés ecclésiastiques [§§ 19, 26].

— § 8. —

Nous arrivons à l'énumération des actes interdits aux officiers de la puissance publique dans les lieux couverts par l'immunité. Nous venons de dire quelle importance avaient orinairement ces lieux, et qu'elle extension il leur était donné d'acquérir encore ultérieurement. Le premier des actes interdits dans les lieux privilégiés est d'y tenir les plaids de justice. Tel est le sens des expressions *ad causas audiendas* [§ 4, *d*] qu'on trouve dans presque tous les diplômes (2).

(1) Boutaric, *Le régime féodal.* — *Revue des questions historiques* 1875, t. XVIII, p. 375.

(2) L'interdiction *ad causas audiendas* se trouve dans 81 des 196 diplômes

Cette clause est une de celles qui, dans les concessions d'immunité, ont le plus attiré l'attention des critiques et des historiens. Beaucoup y ont vu l'origine des justices privées, croyant que écarter les juges publics c'était en même temps instituer les juges privés (1). Quelques-uns ont judicieusement démontré que tel n'était pas le sens de la concession exprimée dans ces termes. Ce qui est vrai, c'est qu'il n'est nullement question de la justice privée dans le privilège d'immunité, mais que celui-ci a pu néanmoins contribuer au développement de celle-là, comme on le verra, d'après certaines observations consignées dans le présent travail.

La locution *causas audire* ou *causas judicio more audire* (2) a pour équivalent, dans les capitulaires, les locutions *causas inquirere, prosequi, redintegrare, tenere, judicare, terminare.* L'ensemble de ces actes était le fait du *judex :*

— « Nullas causas audire præsumat nisi qui a duce per » conventionem populi judex constitutus est, ut causas judi- » cet. » — Dagoberti capitul. a. 630, c. 41. — Baluze, capitul. I, 68.

On peut rapprocher aussi de ces locutions les expressions *altercationes audire* qu'on trouve pour le même objet dans un diplôme d'immunité de 775 (3). Il s'agit ici, on le voit, des débats judiciares avec tous leurs développements; et ces débats, on le sait, avaient lieu dans les plaids.

relevés dans le *Gallia christiana.* Il sont compris, entre les dates 496 et 1473, et sont indiqués dans la table que nous avons donnée de ces diplômes [§ 2] sous les n⁰ˢ 1, 2, 4, 5, 6, 9, 11, 12, 13, 14, 15, 16, 18, 19, 20, 21, 22, 24, 25, 26, 27, 28, 30, 31, 32, 33, 34, 35, 36, 37, 38, 40, 41, 42, 43, 44, 45, 47, 48, 49, 50, 51, 52, 54, 55, 56, 57, 60, 61, 63, 64, 67, 69, 70, 72, 73, 76, 78, 79, 80, 81, 82, 84, 86, 87, 90, 95, 97, 99, 101, 103, 106, 107, 110, 113, 118, 119, 164, 178, 183, 196.

(1) Ce n'est pas à cette fausse interprétation, mais à celle non moins erronée d'une autre disposition du privilège d'immunité qu'on attribuait au XIIIᵉ siècle l'origine des justices privées. On croyait la voir, comme nous le disons plus loin, [§ 20], dans la concession des droits du fisc, *jus fisci.* Il est au moins intéressant de constater qu'à cette époque on ne se méprenait pas sur la portée réelle de l'interdiction au *judex publicus* de tenir ses plaids, *ad causas audiendas* sur le territoire de l'immunité.

(2) Nous trouvons dans 2 diplômes de v. 980 et 1007 du *Gallia christiana* la variante singulière *ad causas exigendas* sur les n⁰ˢ 99, et 106 de la table que nous avons donnée de ces diplômes [§ 2].

(3) Ce diplôme est indiqué dans notre table [§ 2] dans le n⁰ 15.

Les plaids étaient de diverses sortes, *placita majora* et *placita minora*, toujours tenus devant un officier public *judex publicus*. Les *placita majora* ou *generalia*, qui ne sont autre chose que le *mallus* des premiers temps, devaient se tenir régulièrement 2 fois par an à l'origine, 3 fois dans la suite, en un lieu affecté spécialement à ce service, *in loco solito* ou *indicto; in mallobergio*, dit la loi salique, *in mallidicis locis*, dit un diplôme de 947 (1). Les *placita minora* se tenaient non plus d'une manière régulière, mais suivant les besoins du moment, à la requête des parties, et dans des lieux laissés au choix du *judex* sous certaines réserves, celle notamment que le lieu fût dans son ressort, ou qu'il eût obtenu de celui dont le lieu dépendait l'autorisation d'y fonctionner: *in sua potestate vel in loco ubi impetrare potuerit.*

Le siège des *placita majora* était, on le voit, un lieu fixe déterminé par la coutume; celui des *placita minora* était seul indéterminé et variable. C'était à l'introduction surtout de ceux-ci et aux inconvénients ou embarras pouvant en résulter que faisait opposition le privilège de l'immunité. Cette opposition semble même s'être étendue à la tenue des *placita majora*, s'il est permis de donner cette signification au mot *mallum* mis en regard de *placitum*, dans un des deux textes suivants. Cette exception ne tarda pas du reste à s'introduire bientôt dans le droit commun.

— « Minora placita comes sive intra suam potestatem vel » ubi impetrare potuerit, excepto in ecclesia et porticibus » atque atrio ecclesiæ et mansione presbyteri, habeat. » — Caroli regis capitul. a. 873, tit. 45 c 12. — Baluze, capitul. II, 233.

— « Placuit ut nullus comes neque aliquis ex judiciaria po- » testate mallum aut placitum in immunitatibus vel atriis ecclesiarum tenere... præsumat. » — Ludovici imp. capitul. a. 867 c. 14. — Ibid. II, 366.

En écartant du territoire de l'immunité le siège des plaids tenus par le *judex publicus*, le privilège qui conférait cet avantage ne suspendait nullement la juridiction de celui-ci sur les hommes et les choses appartenant à ce territoire. On voit à

_____

(1) Ce diplôme est indiqué dans notre table [§ 2] sous le n° 91.

quoi se réduisait la concession faite par l'immunité, en ce qui touche les débats judiciaires, *ad causas audiendas,* interdits dans les lieux privilégiés. L'exception qui les concerne avait en réalité, au point de vue de la juridiction, assez peu d'importance. Nous verrons tout à l'heure, dans les restrictions apportées en même temps à l'exercice du droit de *districtio* par les officiers publics, un fait beaucoup plus grave, et dont les suites pouvaient avoir et eurent en effet de bien autres conséquences [§ 12.]

Pour ce qui est de l'exception relative à la tenue des plaids interdite sur le territoire de l'immunité, son résultat immédiat était d'obliger les hommes habitant ce territoire à en sortir pour se rendre au plaid et d'imposer soit au maître du territoire, à l'évêque ou à l'abbé quand il s'agissait d'une terre d'église, soit à ses agents et officiers particuliers en son nom, le devoir de les y contraindre au besoin, comme cela est dit d'ailleurs un peu plus loin [§ 12] ; les agents de l'autorité publique étant, on le verra, empêchés de les atteindre chez eux. Cette situation conférait à ces possesseurs d'immunité des obligations qui impliquaient pour eux, sur tous les hommes habitant leurs terres, sur les manants libres ou non libres, des droits analogues à ceux que le maître, *patronus, dominus,* avait sur les serfs et habitants de ses domaines.

Le *patronus* ou *dominus* avait le *mundium* sur ses hommes propres. Il répondait pour eux et les amenait au besoin devant le *judex publicus.* Il exerçait sur eux une police intérieure, une sorte de juridiction domestique. Ces particularités constituaient autant de principes qui devaient à la longue se développer au profit de l'autorité des possesseurs jouissant du privilège de l'immunité. Les obligations incombant à ceux-ci, exercées en leur nom par leurs agents et officiers, sont le point de départ du rôle des *advocati* sur lesquels nous aurons à nous expliquer un peu plus loin [§§ 28 à 32].

Nous aurons terminé ce que nous pouvons dire ici à l'occasion de la formule *ad causas audiendas,* quand nous aurons ajouté qu'elle se conserve jusqu'à la fin, jusqu'au diplôme notamment de 1473, dans les titres d'immunité, où elle comporte parfois des développements qui s'accordent d'une ma-

nière significative avec les explications que nous venons donner à ce sujet. Ainsi :

— 773. « Neque ulla publica.... potestas... in villis...
» monasterii ... ad audiendas altercationes ingredere (au-
» deat)... » — Caroli regis diplom. Prumiensi abbatiæ. —
Gallia christ. Instr. XIII, 302. [§ 2, table n° 13].

— 837. « Nullus judex publicus... possessiones... ad cau-
» sas judiciario more audiendas vel discutiendas... ingredi au-
» deat. » — Ludovici imp. diplom. Hohemburg. abbatiæ —
Ibid. V, 463. [§ 2, table n° 43].

— 899. « Neque ulla judiciaria potestas in villis... Si Petri
» placitum habere... conetur. » — Zwentiboldi regis diplom.
Trevir. ecclesiæ. — Ibid. XIII, 315. [§ 2, table n° 81].

— 920. « Nullus in eis comes sive aliqua judiciaria potestas...
« locum habeant tenendi audientiam vel placitum. » — Caroli regis diplom. Prumiensi abbatiæ. — Ibid. XIII, 318. [§ 2,
table n° 86].

— 947. « Nullus judex publicus... ingredi habeat potesta-
» tem causa legalis justitiæ, vel causa adunandi placiti...
» in locis... ecclesiæ. » — Ottonis regis dipl. Trevirensi ecclesiæ. — Ibid. XIII, 321. [§ 2, table n° 91].

— v. 1030. « Nullus ministerialis publicus ... vel pro
» sanguine, vel pro homicidio, pro rapto, pro incendio, pro
» furto ... vel aliqua repetendarum legum consuetudine in-
» troeundi habeat potestatem ... » — Guillelmi Aquitan. du-
cis et Pictav. comitis dipl. Rupellensi ecclesiæ. — Ibid. II,
380. [§ 2, table n° 114].

Ce dernier exemple présente cette particularité, intéressante
à relever, de mentionner des faits se rapportant positivement
à l'exercice de la justice criminelle.

La juridiction propre, la justice privée, ne pouvait sortir
comme conséquence directe de ces dispositions. Quand l'heure
de cette évolution est venue dans le développement des faits, il
faut pour l'opérer régulièrement une concession formelle dont
on a plus d'un exemple, sans parler des empiétements abu-
sifs qui, dans mainte circonstance produisent le même résultat.

— 974. « Omnis lex, justitia, atque judicium manu regu-
» laris abbatis contineatur, honore archiepiscopi servato. » —

Lotharii Francor. regis diplom. Remensi ecclesiæ. — Gall.
christ. Instr. X, 18. [§ 2, table n° 95].

— v. 1108. « Omnia... placita de omnibus querelis homi-
» num suorum, de incendio,.. muldro,.. rapto, et de omni-
» bus rebus vel forisfacturis,.. in abbatis curia teneantur et
» plenarie terminentur, exceptis solummodo placitis de expe-
» ditione meâ et bello.... Si latro intra terram abbatiæ cap-
» tus fuerit, reddetur abbati ; et ubicunque homo abbatiæ
» captus fuerit, reddetur abbati ; et abbas inde justitiam et
» rectitudinem faciet... » — Henrici Anglor. regis diplom.
Sagiensi ecclesiæ. — Ibid. XI, 156. [§ 2, table n° 131].

— 1124. « Placita... in abbatis curia teneantur, sicut fue-
» runt in curia W... Comitis... omnia alia placita de omni-
» bus querelis hominum suorum in abbatis curia teneantur...
» Si latro intra centenarium captus fuerit, reddetur abbati. »
— Henrici Anglor. regis diploma Sagiensi ecclesiæ. — Ibid.
XI, 157. [§ 2, table n° 136].

— 1131. « Si regulares (canonici) de possessionibus eccle-
» siæ placita tenuerint, Decanus si præsens fuerit invite-
» tur... » — Anserici Bisuntin. archiep. diploma Bisuntinensi ecclesiæ. — Ibid. XV, 26. [§ 2, table n° 139].

— 1142. « Dimitto in toto termino... monasterii... totas jus-
» titias... et placitare per meam curiam præter homicidium et
» esguogozamentum... » — Raymondi Trancavilli Biter.
vicecom. diplom. Agathensi ecclesiæ. — Ibid. VI, 322. [§ 2,
table n° 143].

— v. 1145. « Omnia... do... cum omni jure, jurisdictione,
» districtu dominico, dominio,... justitia alta et bassa et
» etiam plenaria... » — Willermi Pontiv. comitis diplom.
Cenomanensi ecclesiæ. — Ibid. XIV, 132. [§ 2, table n° 146].

— 1187. « Concedo etiam canonicis... potestatem... au-
» diendi causas civiles et criminales, inter homines suos... et
» easdem executioni mandare. » — Bernardi Agath. viceco-
mitis diplom. Agathensi ecclesiæ. — Ibid. VI, 331.

— 1230. « Concedimus... ut tam in civitate et suburbiis
» quam in castris et villis propriis ecclesiæ, causas tam civi-
» les quam criminales per se vel per officiales suos audire...
» possit. » — Friderici imp. diplom. Valentin. episcopo. —
Ibid. XVI, 113. [§ 2, table n° 185].

Il y a là tout autre chose que la défense au *judex publicus*
d'entrer pour juger, *ad causas audiendas*, sur les terres couvertes par l'immunité ; interdiction dont l'unique objet, répé-
tons le, était d'empêcher les *judices publici* d'installer dans les
dépendances du domaine privilégié le siège des plaids tenus
par eux, et non de supprimer sur ces domaines leur juridiction pour la transporter aux possesseurs ou à leurs officiers et agents (1). Dans les textes au contraire que nous
venons de citer, c'est bien du transport de cette juridiction
qu'il s'agit au profit des possesseurs ; et il y est dit formellement qu'elle doit être exercée au civil aussi bien qu'au criminel par eux ou par leurs officiers.

— § 9. —

Après l'interdiction aux *judices publici* de tenir les
plaids sur les terres couvertes par l'immunité, viennent, dans

---

(1) L'interprétation du privilège d'immunité, en ce qui concerne la justice, a donné lieu, comme nous l'avons indiqué au commencement de ce paragraphe, à deux opinions contradictoires sur l'origine des justices privées
Ces deux opinions ont été soutenues de notre temps en Allemagne par
Waitz et par Heusler, le premier dans l'ouvrage intitulé *Deutsche Verfas
sungs-geschichte* (t. I à VII, 1844 à 1876), le second, dans un livre publié
sous le titre *Der Ursprung der Deutschen Stadtverfassung* (1872).

Waitz dit dans son tom. II (1847) que des dispositions fiscales de l'immunité résultait l'institution d'une juridiction privée (besondere gerichts-
barkeit) et d'officiers indépendants du roi. Il reconnaissait d'ailleurs que
les habitants des terres privilégiées devaient toujours se rendre et
répondre au *mallum publicum*, soit par eux-mêmes, soit par leur maître.
Dans son tome IV (1861) il soutenait cependant encore que la défense
faite aux officiers publics d'entrer sur les terres couvertes par l'immunité
était le fondement d'une juridiction propre attachée à celle-ci, et il ajou-
tait dans son tome VII (1876) que sous les derniers Carolingiens le supé-
rieur d'une église ou son officier, le Vogt, *advocatus*, exerçait sur les su"
jets de cette église, une juridiction qui, pour n'être pas formellement
exprimée dans le privilège d'immunité, n'en était pas moins la conséquence de celui-ci.

Heusler, de son côté, avait établi en 1872 que l'interdiction aux juges
publics d'entrer dans les domaines de l'immunité n'avait pas d'autre objet
qu e le droit donné au professeur privilégié de servir d'intermédiaire entre
l'autorité publique et les habitants de son domaine ; mais qu'il ne serait
pas juste de conclure de là que la juridiction (gericht und strafgewalt) fût
en conséquence exercée dès lors par les agents particuliers de ce posses-

les diplômes destinés à constituer cette situation privilégiée,
des dispositions d'une nature très différente, qui à elles seules
prouveraient au besoin d'une manière irréfragable, nous l'a-
vons déjà fait remarquer [§ 6], que ces agents de l'autorité
n'étaient pas exclusivement des magistrats chargés d'exercer
la juridiction, mais des officiers préposés à tous les services
publics. Il s'agit maintenant de la perception des *freda* et des
tributa opérée par eux ordinairement, mais qui leur est dès
lors interdite (1) sur les territoires de l'immunité [§ 4, *c*].

Le *fredum* était la part du fisc dans la *compositio* due pour
un crime, pour un délit ou pour une injure à celui qui en
avait été la victime, en réparation du tort qu'il avait subi·
Cette part du fisc était ordinairement le tiers de la *compositio*.
Payé au souverain, le *fredum* était, suivant l'opinion généralement admise, une amende pour violation de la paix publique
dont le souverain était le gardien (2) ; cette violation de la
paix publique *pax fracta*, résultant de toute infraction à la loi
par un crime ou par un délit :

— « Compositio fisco debita quam illi fredum vocant. » —
Greg. Turon. De miraculis beati Martini, L. IV, c. 26.

— « Si quis homo a ligno seu aliquolibet manufactile fuerit
» interfectus, non solvatur nisi forte quis auctorem interfec-
» tionis in usus proprios adsumpserit ; tunc absque fredo cul-
» pabilis judicetur. » — Dagoberti, capitul. a. 630, c. 70. —
Baluze, capitul. I, 48.

seur. *Directum* ou *justitiam facere* ajoutait-il, signifie offrir le droit, se
présenter au jugement, et non pas juger, sententier. Nous fournissons
plus loin [§ 30], quelques observations sur ce dernier sujet.

(1) L'interdiction relative aux *freda* se trouve dans 78, celle relative
aux *tributa* dans 34 seulement des 196 diplômes relevés dans le *Gallia
christiana*. Dans la table que nous avons donnée de ces diplômes [§ 2]
ceux qui mentionnent les *freda* sont compris entre les dates 496 et 1214,
sous les nos 1, 4, 5, 6, 7, 8, 9, 11, 12, 13, 14, 15, 16, 18, 19, 20, 21, 22,
24, 25, 26, 27, 28, 30, 31, 32, 33, 34. 35, 36, 37, 38, 41, 42, 43, 44, 46, 47,
48, 49, 50, 52, 54, 55, 56, 60, 61, 62, 63, 64, 67, 69, 70, 72, 73, 78, 79,
80, 82, 83, 84. 86, 87, 90, 96, 97, 98, 99, 101, 103, 106, 107, 110, 113, 118,
119, 120, 183 ; ceux qui mentionnent les *tributa* sont compris entre
les dates 761 et 1201, sous les nos 13, 25, 26, 28, 33, 35, 36, 40, 41, 46,
47, 48, 51, 56, 60, 61, 62, 70, 72, 76, 78, 79, 84, 87, 90, 99, 101, 103, 106,
107, 112, 113, 164, 178.

(2) Les Allemands traduisent *fredum* par *friedensgeld, pacis pecunia*.
Voyez Waitz, *Deutsche Verfassungs-geschichte*, t. II, p. 535.

— «Si quis quadrupes hominem occiderit, ipse quadrupes...
» in medietatem weregildi suscipiatur, et aliam medietatem
» dominus quadrupedis solvere studeat absque fredo ; quia
» quod quadrupedes faciunt, fredus exinde non exigitur. » —
Idem, c. 46 — Ibid. I. 38.

— « Si quis puer infra duodecim annos aliquam culpam
» commiserit, fredus ei (ab eo ?) non requiratur. » — Caroli
regis capitul. a. 798, tit. 26 c. 9. — Ibid. I, 297.

Ces dispositions paraissent justifier l'interprétation qui
fait du *fredum* une amende pour la violation de la paix publique, *pax fracta* ; l'irresponsabilité de l'auteur du délit quand
c'est un objet matériel, un animal sans volonté ou un enfant
inconscient, écartant cette appréciation du fait, et supprimant
naturellement l'amende *fredum* qui en serait la conséquence.

L'examen de certains textes nous a suggéré pour l'interprétation du *fredum*, l'idée d'une autre explication que, sous
toutes réserves, nous allons présenter maintenant.

Dans cette hypothèse le *fredum*, ayant du reste toujours
trait au maintien de la paix publique, serait le prix de la sécurité, ou de la paix ultérieure garantie par le souverain à
l'indemnisé, contre toute vindicte ou revendication de la
part de celui qui avait subi la condamnation à son profit, et
qui avait dû en conséquence lui faire réparation. C'est ce qui
semble résulter des dispositions relatées dans le texte suivant :

— « Fredum autem non illi (ille) judici tribuat cui (qui)
» culpam commisit ; sed illi (ille) qui solutionem recipit, ter-
» tiam partem coram testibus fisco tribuat, ut pax perpetua
» stabilis permaneat. — Dagoberti capitul. a. 630, c. 89. —
Baluze, capitul. I, 52.

D'après ce texte, où les corrections que nous proposons
semblent indispensables, le *fredum* paraît se rapporter à la
paix garantie ultérieurement plutôt qu'à la paix brisée auparavant. Il s'agirait ce semble, du maintien de la paix entre
l'offensé qui a reçu l'indemnité et l'offenseur qui a été condamné à la lui payer ; et c'est le premier qui ayant besoin de
protection contre l'autre en paierait le prix, *fredum*.

Ce principe pourrait fournir peut être l'explication d'une
disposition particulière que nous signalerons encore. Le

judex ne devait exiger le fredum qu'après le paiement effectué de la *compositio*.

— « Nullus judex fiscalis de quacunquelibet causa freda non » exigat prius quam facinus componatur. » — Dagoberti capitul. a. 630, c. 89. — Baluze, capitul. I, 52.

Si le *fredum* était une amende due pour la violation de la paix publique par celui qui s'était rendu coupable de cette infraction, on ne comprendrait pas trop pourquoi ce n'est pas lui mais la victime du crime ou du délit qui en eût effectué le paiement, ni pourquoi ce paiement eût été subordonné au paiement préalable de la *compositio* entre les mains de la partie lésée qui la recevait à titre d'indemnité.

Ces considérations tendraient à faire croire que le *fredum* aurait pu avoir une double origine dont il subsisterait des traces distinctes dans la législation des capitulaires. Dans l'un et l'autre cas, le *fredum* serait bien le prix de la paix, *pacis pecunia, friedensgeld* comme disent les Allemands; mais dans l'un, il s'agirait de la paix publique violée antérieurement; dans l'autre, d'une paix privée en quelque sorte, assurée ultérieurement entre les parties.

Les *tributa* sont associés souvent, pas toujours cependant, aux *freda*, dans l'interdiction faite aux *judices publici* d'opérer des perceptions sur le territoire de l'immunité. Parmi les 196 diplômes d'immunité que nous fournit le *Gallia christiana*, 78 en effet, comme nous l'avons déjà fait remarquer de 496 à 1214 [§ 4], mentionnent l'interdiction relative aux *freda ;* 34 seulement celle qui concerne les *tributa*, de 761 à 1201.

L'expression *tributa*, dans la langue des capitulaires, est un terme général qui s'applique à toutes les charges publiques imposées soit sur les hommes nobles et non nobles, libres et non libres, soit sur les choses, c'est-à-dire sur la terre, sur les marchandises, etc. Les *tributa* étaient payés soit en deniers, soit en nature, et levés par les *exactores* ou les *ministri comitum*. Ils représentaient l'ancien impôt romain, *capitatio, census,* impôt personnel, et impôt foncier. La fiscalité de l'empire et celle des temps postérieurs devaient en multiplier notablement les formes et en diversifier l'assiette. Les diplômes d'immunité, après s'être originairement bornés à l'énoncia-

tion du terme général *tribula,* entrent plus tard dans le détail
des combinaisons variées auxquelles se prête graduellement
l'impôt, dont quelques-unes, comme les *decimæ,* les *telonea*
les *publicæ functiones,* les *angariæ,* le *rotaticum* etc. appa-
raissent déjà dans les capitulaires. Les diplômes d'immunité
en font une énumération que nous ne pouvons pas reproduire
ici complètement. Nous nous contenterons de signaler dans
les 196 diplômes que nous avons empruntés au *Gallia christiana,* les *publicæ functiones* dès le Ve siècle : les *telonea* et le
rotaticum au VIIe ; les *tributa,* les *inferendæ,* les *conjecti* au
VIIIe ; le *pulveraticum,* le *foraticum,* le *census,* le *portaticum,*
l'*obsequium,* le *pontaticum,* le *cespaticum,* les *decimæ,* le *nauta-
ticum,* le *pascuarium,* au IXe ; le *bannum,* les *angariæ,* les *leges,*
les *exactiones* les *jacturæ,* le *viaticum* au Xe ; les *consuetudines,*
les *justiciæ* les *retributiones,* les *redditiones,* les *redditus* au
XIe ; les *talliæ,* les *inquietudines,* les *servitia,* les *questæ* et *toltæ,*
les *albergæ* au XIIe. Nous en omettons beaucoup et nous ne pre.
nons que les exemples indiquant à peu près par leur caractère
le mouvement de la fiscalité, et la direction qu'elle prend
dans ses évolutions progressives. Nous ajouterons plus loin
[§ 20], en parlant du développement ultérieur de l'immunité,
quelques indications de plus à joindre aux précédentes sur
ce sujet.

Les capitulaires connaissent et mentionnent des exemptions de tribut, *tributa perdonata,* qui sont tout autre chose
que la défense relative à la levée des *tributa* dans l'immunité.

— « Quicunque terram tributariam... susceperit, tributum...
» persolvat, nisi forte talem firmitatem de parte dominica
» habeat, per quam ipsum tributum sibi perdonatum possit
» ostendere. » — Ludovici imp. capitul. a. 819 IV, c. 2. —
Baluze, capitul. I, 611.

Il ne s'agit de rien de semblable dans le privilège d'immunité. La perception des *tributa* n'est nullement suspendue par
ce privilège, mais seulement sa perception par les officiers
du fisc, *judices publici,* sur les terres de l'immunité. C'est
pour les *tributa* la même situation à cet égard que pour les
freda.

La seule conséquence de cette clause du privilège aurait
été simplement que l'action des agents particuliers du privi-

légié, des agents de l'église dans la plupart des cas, *judices privati*, fût substituée à celle des *judices publici*, sans préjudice des droits du fisc sur le produit des perceptions. Mais les diplômes d'immunité contiennent généralement, comme le texte de 815 que nous avons pris pour type, la cession formelle des droits du fisc en pareille matière au privilégié. Cette cession apparaissant dans quelques-uns des plus anciens diplômes d'immunité, il est peut-être permis de penser qu'elle est sous-entendue, dans les diplômes ultérieurs, où elle n'est pas exprimée. Sur les 196 pièces de cette nature que nous donne le *Gallia christiana* parmi lesquelles 78 mentionnent l'interdiction aux *judices publici* de lever les *fredu* et 34 celle de lever les *tributa*, 56 contiennent la concession du *jus fisci* [§ 15]. Dans 19 de ces pièces, cette concession est exprimée par la formule: *quidquid fiscus inde sperare poterat concedimus.* Ce sont à peu près les termes employés pour le même objet dans le texte de 815 [§ 4, *p*].

Cette importante concession est développée d'une manière significative dans un diplôme de Charlemagne pour l'église de Paris :

— « Ut quidquid fiscus noster de quolibet modo de omnibus
» liberis hominibus qui super terram ipsius ecclesiæ Parisiacæ
» commanere noscuntur, tam de capitibus quam et de om-
» nibus reddibitionibus quibuslibet, absque ullius judicis in-
» troitu aut repetitione, ipsa ecclesia Parisiaca habeat pe-
» renne successum. » — Caroli regis præceptum pro ecclesia Parisiensi. — Gall. christ. t. VII. Instrum. p. 9. [§ 2, table n° 21].

Nous n'en dirons pas davantage pour le moment de la concession faite au privilégié, des *freda* et des *tributa* précédemment perçus par le fisc. Nous voulions indiquer seulement qu'elle complétait souvent celle résultant déjà de la clause du diplôme d'immunité qui impliquait leur levée par les agents du privilégié, par les *judices privati ;* ceux-ci se trouvant ainsi substitués dans cette fonction aux *judices publici* qui l'accomplissaient auparavant, et à qui il était généralement interdit d'y procéder ultérieurement, dans le territoire de l'immunité [§ 4, *e*]. Nous reviendrons plus loin tout particulièrement sur ce sujet, pour faire ressortir l'importance de la concession du *jus fisci* et des conséquences qu'on en a tirées [§ 15].

— § 10. —

L'interdiction faite aux *judices publici* de lever les *freda* et les *tributa* dans le territoire de l'immunité n'en supprimait pas la perception ; elle la modifiait seulement. Mais le privilège était souvent complété à cet égard, comme nous venons de le dire, par la concession supplémentaire du produit lui-même de ces droits du fisc ; concession qui se trouve insérée dans quelques diplômes et qui n'a pu manquer de s'introduire bientôt d'une manière générale dans la pratique, quand son expression manquait dans l'instrument originaire. Il n'en est pas de même des *mansiones* et des *paratæ* dont nous avons à parler maintenant, et qui sont également interdites aux *judices publici* dans les lieux défendus par l'immunité (1).

Mansio a deux sens dans la langue des capitulaires. Il signifie d'abord la demeure, l'habitation, la maison, et ensuite l'usage de la maison comme gîte accidentel par les étrangers de passage. A une époque et dans des contrées où les auberges publiques étaient rares, les pratiques de l'hospitalité s'imposaient naturellement. Les capitulaires en font une obligation générale envers toute sorte de voyageurs.

— « Ut infra regna nostra omnibus iterantibus nullus hospi-
» tium deneget, mansionem et focum tantum. Similiter
pastum nullus contendere faciat. » — Caroli imp. capitul. V.
a. 803, c. 16. — Baluze, capitul. I, 400.

---

(1) L'interdiction des *mansiones* se trouve dans 79, celle des *paratæ* dans 75 des 196 diplômes relevés dans le *Gallia christiana*. Dans la table que nous avons donnée de ces diplômes [§ 2], ceux qui mentionnent les *mansiones* sont compris entre les dates 496 et 1214, sous les nos 1, 4, 5, 6, 9, 12, 13, 14, 15, 18, 19, 20, 22, 24, 25, 27, 28, 30, 31, 32, 33, 34, 35, 66, 37, 38, 39, 40, 41, 42, 44, 46, 47, 48, 49, 50, 51, 52, 53, 54, 55, 58, 60, 61, 62, 63, 64, 69, 70, 71, 72, 73, 76, 77, 78, 79, 80, 81, 82, 83, 84, 87, 88, 96, 99, 101, 103, 106, 107, 110, 113, 118, 119, 154, 164, 165, 178, 180, 183 ; ceux qui mentionnent les *paratæ*, sont compris entre les dates 638 et 1214, sous les nos 4, 5, 6, 9, 12, 13, 14, 16, 18, 19, 21, 24, 25, 26, 27, 28, 30, 31, 32, 33, 34, 35, 36, 37, 38, 39, 40, 41, 42, 43, 44, 45, 46, 47, 48, 49, 50, 51, 52, 53, 54, 55, 57, 60, 61, 62, 63, 64, 65, 67, 69, 70, 71, 72, 73, 74, 75, 76, 78, 79, 80, 82, 83, 84, 87, 97, 98, 99, 101, 103, 106, 107, 113, 119, 183.

Cette obligation d'un caractère général était plus expressément recommandée pendant la mauvaise saison surtout, à l'égard des grands personnages, ainsi que de tous ceux qui se rendaient près du souverain, à l'égard de ses envoyés *missi* notamment, et de ses agents.

— «De episcopis, presbyteris, abbatibus, vel vassis domi-
» nicis seu cæteris hominibus qui ad palatium veniunt vel inde
» vadunt;... quando hybernum tempus fuerit, nullus debeat
» mansionem vetare ad ipsos iter agentes. » — Pippini regis
capitul. a. 793 c. 4. — Baluze, capitul. I, 535.

— « De missis nostris discurrentibus, vel cæteris hominibus
» propter utilitatem nostram iter agentibus, ut nullus eis
» mansionem contradicere præsumat. » — Angesisi, capitul.
L. III, c. 39. — Ibid. I, 761.

A cette obligation de droit commun de fournir la *mansio*, les capitulaires ne contiennent que deux exceptions, l'une toute particulière, en 844, en faveur des Espagnols réfugiés en Aquitaine qui sont exemptés du *mansionaticum* envers leur propre comte ; l'autre un peu plus générale, en 877, en faveur des *villæ* appartenant au souverain et à son épouse.

— « Neque comes .... eos (Hispanos) sibi vel homi-
» nibus suis... mansionaticos parare... cogat. » — Caroli
regis capitul. a. 844. c 9. — Baluze, Capitul. II ; 28.

— « Nemo in villis nostris vel in villis uxoris nostræ mansio-
» naticum accipiat. » — Caroli regis capitul. a. 877, c. 20. —
Ibid. II, 266.

Suivant Bignon, le *mansionaticum* nommé dans ces deux textes serait simplement le droit de *mansio*, *jus mansionis faciendi*. Suivant Pithou, *mansionaticos parare* pourrait être plutôt le droit de prendre, avec le gîte, certaines fournitures, ce qu'on appelait, comme nous allons le dire, *paratæ*.

L'exception en faveur des domaines des églises et autres privilégiés est une disposition contraire au droit commun des capitulaires, qui consacre formellement l'obligation de fournir la *mansio*. Elle appartient spécialement à l'immunité, et concerne seulement les *mansiones* qui pouvaient être réclamées par les *judices publici*, c'est-à-dire par les fonctionnaires de l'État. Ce devaient être de beaucoup les plus onéreuses, aussi bien à cause des fréquentes occasions de déplacement de ceux-ci, qu'en raison de l'autorité avec laquelle ils pouvaient dans ce cas manifester et faire prévaloir leurs exigences à cet égard.

Les *paratæ*, fournitures accessoires susceptibles d'accompagner l'hospitalité de la *mansio*, pouvaient aggraver notablement les charges imposées par celle-ci, en raison du caractère indéterminé qu'elles semblent avoir, et de la portée un peu arbitraire qu'elles pouvaient en conséquence atteindre. Remarquons de plus que les *paratæ* n'étaient pas de droit commun. Celui-ci ne comportant que l'*hospitium*, lequel comprenait seulement le logis, le foyer et le manger, *mansionem et focum tantum, similiter pastum*, comme il est dit formellement dans un texte cité tout à l'heure.

Il est rarement question des *paratæ* dans les capitulaires, et il semble, d'après ce qui en est dit, qu'on doit y voir une sorte d'extension, plus ou moins arbitraire probablement, du droit de *mansio* en faveur des grands personnages et hauts fonctionnaires qui profitaient de celui-ci.

— « Missis nostris aut filii nostri quos pro rerum opportu-
» nitate illas in partes miserimus, aut legatis qui de partibus
» Hispaniæ ad nos transmissi fuerint paratas faciant. » —
Ludovici imp. præceptum pro Hispanis in regno manentibus,
a. 815, c. 1. — Baluze, capitul. I, 549.

Des observations adressées par les évêques à Louis, roi de Germanie en 858 signalent les abus que devait engendrer l'usage de ces *paratæ* par le souverain lui-même, et montrent d'où a pu venir l'exception dont elles sont l'objet dans les diplômes d'immunité :

— « Judices denique villarum regiarum constituite... qui...
» faciant nutrimenta congrua... habeant pabula ; quatinus
» non sit vobis necesse... circuire loca episcoporum, abbatum,
» abbatissarum vel comitum, et majores quam ratio postulat
» paratas exquirere. » — Episcoporum epistola ad Ludovicum
regem, a. 858, c. 14, — Baluze, capitul. II, 116.

Ce dernier texte, montre dans les *paratæ* des fournitures pour la nourriture et l'entretien des hommes et des chevaux (1).

----

(1) Dans un diplôme de 846, les *paratæ* sont exprimées par le mot *pastus* qui justifie cette appréciation. Ce diplôme emprunté au *Gallia*

Les *mansiones* et les *paratæ* dont on interdit l'usage aux fonctionnaires, *judices publici*, étaient des avantages tout personnels à ceux-ci, et non pas des levées et perceptions opérées par eux au profit du fisc. L'interdiction qui les concerne les faisait cesser purement et simplement sur les terres de l'immunité, sans que la concession des droits du fisc pût, ce semble, les faire à moins d'abus renaître en faveur des possesseurs de ces terres. La mesure intéressait directement les habitants surtout du territoire et paraissait définitivement assurée par le diplôme d'immunité. On a cependant quelque raison de penser que les possesseurs investis du privilège d'immunité et leurs officiers, *judices privati* [§ 6], ont continué souvent à user des avantages que ce privilège retirait aux *judices publici*. Pendant tout le moyen âge on voit les seigneurs et leurs officiers user de droits de gîte qui semblent bien n'être pas autre chose qu'une continuation de l'ancien *mansionaticum*. Dans des diplômes des XIIe et XIIIe siècles nous le trouvons mentionné sous les noms d'*albergæ* et d'*hospita-.tiones* (1).

— § 11. —

C'est encore à l'avantage des habitants surtout des terres d'immunité qu'était formulée l'exception interdisant au *judex publicus* de saisir des fidéjusseurs, *nec fidejussores tollendos* (2), sur ces terres [§ 4, *g*]. Suivant Bignon cette prescription avait pour objet, en cas de citation des hommes de l'immunité à comparaître en justice, de les contraindre

christiana figure dans la table que nous avons donnée de ces documents [§ 2] sous le n° 36.

(1) Dans des diplômes de 1155, 1156, 1169, 1173, 1208, qui figurent dans la table que nous avons donnée des documents [§ 2] fournis par le *Gallia christiana*, sous les n°s 154, 156, 164, 165, 180.

(2) L'interdiction *nec fidejussores tollendos* se trouve dans 71 des 196 diplômes relevés dans le *Gallia christiana*. Ils sont compris entre les dates 638 et 1214, et sont indiqués dans la table que nous avons donnée de ces diplômes [§ 2], sous les n°s 4, 6, 9, 11, 12, 13, 15, 18, 19, 22, 24, 25, 26, 27, 28, 30, 31, 32 33, 34, 35, 36, 37, 38, 39, 40, 42, 43, 44, 45, 46, 47, 48, 49, 50, 51, 52, 53, 54, 55, 60, 61, 62, 63, 64, 67, 69, 70, 72, 73, 76, 78, 79, 80, 82, 84, 85, 87, 99, 101, 103, 106, 107, 110, 113, 118, 119, 133, 165, 178, 183.

à prendre, s'ils voulaient obtenir répit, des *fidejussores*
garants de leur comparution ultérieure ; concession dont
le résultat, dit-il, était d'empêcher le *judex publicus* d'exercer sa juridiction sur les terres privilégiées (1). Tel n'était
pas du tout cependant, l'objet de l'immunité, comme nous
l'avons dit en montrant qu'elle ne suspendait nullement
cette juridiction du *judex publicus*, mais interdisait seulement
à celui-ci de tenir ses plaids dans les lieux défendus par le
privilège.

La locution *fidejussores tollere* exprime certainement l'idée
d'une contrainte exercée contre les *fidejussores* et non contre
ceux qu'ils devaient cautionner. L'interprétation de Bignon
passe à côté de cette indication, et ne signale pas autre chose
à cette occasion que le droit reconnu au prévenu de rester libre sous le coup d'un mandat de comparution en justice,
moyennant caution fournie par des *fidejussores*. Bignon ne signale aucune contrainte pour obliger ceux-ci à le faire.
L'idée d'une contrainte à leur égard résulte cependant très
clairement des termes du privilège, *nec fidejussores tollendos ;*
et celui-ci a évidemment pour objet de les en affranchir.
Comment expliquer cette situation ? La locution en question
ne se trouve pas une seule fois, chose digne de remarque,
dans les capitulaires. Mais la situation qu'elle concerne doit
nécessairement y être relatée sous une forme quelconque.
Il s'agit de l'y reconnaître.

La *fidejussio* était une sorte de caution personnelle, d'un
usage très répandu et très ancien déjà aux VIIIe et IXe siècles,
époque à laquelle appartient la législation des capitulaires.
C'était un engagement d'ordre civil, interdit par cette législation aux prêtres et aux religieux.

— « Nulli sacerdotum liceat fidejussorem esse. » — Caroli
imp. capitul. 801, c. 16. — Baluze, capitul I, 360.

— « Clericus vel monachus neque exactor publicarum

____

(1) « Fidejussores tollere ; id est cogere ut subditi ecclesiæ et in eccle-
» siastica terra degentes aut statim ad judicis audientiam pergant, et judi-
» catum faciant, aut si velint dimitti, fidejussores seu vades judicio sis-
» tendi causa præstent. In summa hoc agitur ne judex aut minister re-
» gius in terris quibus immunitas concessa est jus dicat et justitiam exer-
» ceat. » — Bignon, *Notæ ad Marculfum*. — Baluze, capitul. II. 882.

» neque conductor aut vectigalium magister, vel curator do-
» mus vel procurator litis, vel fidejussor, in talibus causis fiat. »
— Angesisi. capitular. L. VI, c. 124. — Ibid. I, 944.

Les capitulaires contiennent de nombreux renseignements
sur le caractère des *fidejussores,* et sur les actes accomplis
par eux. Les qualités exigées de leur part ont pour expression dans ces textes les mots, *idonei, credibiles, certi, fidis-
simi, firmissimi.* La nature de ces qualités qui correspondent
à des conditions d'aptitude et de moralité, donne à penser
qu'on n'acceptait pas tout le monde pour cette fonction et
pour les rôles divers qu'elle comportait. Ces rôles s'indiquent
dans des actes où il est évident que les *fidejussores* intervien-
nent généralement d'une manière toute volontaire, à la
demande de ceux pour lesquels ils se portent caution. C'est
notamment pour assurer la vérité d'une déclaration ;
pour garantir le paiement d'une dette, d'un *fredum* dû au fisc
par exemple, l'accomplissement de la formalité de la vesture,
à laquelle tout vendeur ou donateur était tenu de pourvoir
en faveur du nouveau possesseur, la comparution en justice
d'un prévenu qui s'oblige à s'y rendre et peut être parfois
laissé en liberté sous cette garantie.

— « Universam rem nulli ingenuo liceat de incognito homine
» comparare, nisi certe fidejussorem adhibeat, cui credi pos-
» sit, ut excusatio ignorantiæ auferatur. » — Angesisi capitular. L. VI, c. 351. — Baluze, capitul. I, 982.

— « Si quis, contempto fidejussore, debitorem suum tenere
» maluerit, fidejussor et heres ejus à fidejussionis vinculo
» liberantur. » — Childerici regis capitul. a. 744, c. 17. —
Ibid. I, 154.

— « Et quisquis de rebus ecclesiæ furtivis probatus fuerit, ad
» partem fisci pro fredo præbeat fidejussorem. » — Dagoberti regis capitul. a. 630, tit VI, c. 3. — Ibid. I, 98.

— « Si quis res suas pro salute animæ suæ... tradere volue-
» rit... legitimam traditionem facere studeat... et fidejussores
» vestituræ donet ei qui illam traditionem accipit, ut vestitu-
» ram faciat. » — Angesisi capitular. L. IV, c. 19. — Ibid.
I, 778.

— « Si liber homo de furto accusatus fuerit, et res proprias
» habuerit, in mallo ad præsentiam comitis se adhramiat.

» Et si res non habet, fidejussores donet qui cum adhramire
» et in placitum adduci faciant. » — Ludovici imp. capitul.
a. 819, c. 15. — Ibid. I, 603.

— « De illis liberis hominibus qui infames vel clamodici
» sunt..... de latrociniis.... Comprehensus... si fidejussores
» habere potuerit, per fidejussores ad mallum adducatur. Si
» fidejussores habere non potuerit, à ministris comitis cus-
» todiatur et ad mallum perducatur.»— Caroli regis capitul.
a. 873, c. 3. — Ibid. II, 228.

— « De nostris quoque dominicis vassallis jubemus ut si ali-
» quis prædas egerit.... (et) proclamavèrit se ante præsen-
» tiam nostram velle distringi potius quam ante comitem,
» per credibiles fidejussores... ante nos venire permittatur. »
— Karlomanni regis capitul. a. 882, c. 11. — Ibid. II, 289.

Dans ces textes, il s'agit évidemment de *fidejussores* inter-
venant librement en faveur de gens que, pour divers motifs
ils couvrent volontairement de leur garantie. Les trois derniers textes se rapportent à la garantie spéciale de la comparution d'un prévenu devant la justice. C'est la situation même
que mentionne Bignon, à propos de l'immunité, mais avec
une interprétation qui nous semble inexacte ; car il ne parle
que de la faculté laissée au prévenu de rester libre moyennant
la caution fournie par des *fidejussores*, ce qui était de droit
commun, ainsi qu'on le voit par un exemple que Bignon cite
en même temps, d'après un texte de Grégoire de Tours :

— « Albinus de sede exsiliens adprehensum archidiaco-
» num... coarctat. Pro quo numquam obtinere potuerunt nec
» episcopus, nec cives, nec ullus major natu, nec ipsa vox
» totius populi adclamantis ut, datis fidejussoribus, diem
» sanctum archidiacono liceat cum reliquis celebrare, atque
» accusatio ejus in posterum debere audiri. » —Greg. Turon.
Hist. ecclesiast. Francor L. IV, c. 44.

Ceux qui prenaient dans ce cas le rôle de *fidejussores* le
faisaient librement, rien ne permet d'en douter. Or dans le
privilège d'immunité il s'agit d'affranchir les *fidejussores*
d'une contrainte. Serait-il question de les mettre ainsi à
l'abri d'une prise à partie ultérieure, en conséquence de la responsabilité encourue par eux, et cela dans l'intention de paralyser l'action de la justice sur les terres de l'immunité, ce que

Bignon croit être l'objet du privilège ? Nous ne le pensons pas.

Tout autrement s'expliquent, croyons-nous, et le rôle dans certains cas des *fidejussores* comme cautions de la comparution en justice d'un prévenu, et l'exception qui les concerne à ce sujet dans les privilèges d'immunité. D'après le passage emprunté à Grégoire de Tours, et suivant le dernier des trois textes tirés des capitulaires que nous avons cités auparavant touchant la caution de comparution en justice, le rôle des *fidejussores* qualifiés *credibiles* dans ce texte, semble se borner à garantir que le prévenu se présentera librement au jugement du roi dans ce dernier cas, comme il en a sollicité la faveur. Dans les deux autres textes tirés des capitulaires, le rôle des *fidejussores* est tout différent. Ceux-ci semblent chargés de faire conduire ou, bien plus, d'amener eux-mêmes le prévenu devant la justice. Il en est également ainsi dans plusieurs autres documents que nous avons sous les yeux ; dans ceux-ci par exemple.

— « Si ipsi fidejussores non habuerint qui in præsentia do-
» mini regis illos adducant sub custodia serventur. » — Pippini regis capitul. a. 793, c. 36. — Baluze capitul. I, 542.

— « Si inobediens extiterit, nobis per firmissimos fidejusso-
» res præsentetur. — Augesisi capitul. L. VII, c. 470. —
Ibid. I, 1130.

— « Quod si quis facere præsumpserit, per certos fidejussores ad nostram præsentiam perducatur. » — Caroli regis
capitul. a. 873, c. 2. — Ibid, II, 228.

Le rôle dévolu aux *fidejussores* dans ces conditions parti-
culières est bien moins de venir en aide à celui dont ils sont la caution, que de concourir à l'action exercée contre lui par l'autorité publique. Ce rôle est éclairé par une formule de Marculfe qu'il convient de rapprocher des textes précédents

— « Ille rex viro illo comite (sic)... (De latrone). Propterea..
» jubemur ut ipso illo taliter constringatis, qualiter... studeat
» emendare. Certe si noluerit, et ante vos recte non finitur..
» tultis fideiussoribus... ad nostram eum... dirigere studeatis
» præsentiam. » — Rozière. Recueil général des formules,
n° CCCCXXXV.

Nous retrouvons ici, dans *tultis fidejussoribus*, la locution même *tollere fidejussores* des privilèges d'immunité. La disposition du texte dans la formule montre que l'acte de *tollere fidejussores* est le fait initial d'où procède l'action qui leur est imposée, et non pas un fait final comme serait celui d'une main-mise sur eux par suite de la responsabilité qu'ils auraient encourue. Cette particularité est d'autant plus importante à constater que la proposition isolée, *nec fidejussores tollendos*, dans les diplômes d'immunité, ne fournit pour la solution de la question aucun indice sur la situation à laquelle il convient de la rapporter.

Un autre texte concourant à la même explication nous est donné par Grégoire de Tours encore, dans un passage où il parle de l'envoi devant le roi Gontran de Théodoric évêque de Marseille par le duc Ratharius :

— « Ratharius... dux... episcopum vallat, fidejussores re-
» quirit et ad præsentiam regis Guntchramni direxit... Theo-
» dorus vero episcopus à Guntchramno rege detentus est. »
— Greg. Turon. Hist. Ecclesiast. Francor. L. VIII, c. 12 (1).

Dans ce texte de Grégoire de Tours, les expressions *fide-jussores requirit* correspondent évidemment à celles *tultis fidejussoribus* de la formule citée tout à l'heure et à la prescription *nec fidejussores tollendos* des privilèges d'immunité, expressions qui dans ces divers cas concernent le même fait, l'obligation imposée aux *fidejussores* pris à cet effet, de conduire sous leur responsabilité devant la justice, des prévenus remis pour cela entre leurs mains. Ces locutions expliquées ainsi l'une par l'autre suffiraient pour montrer que le choix et la désignation des *fidejussores* destinés à ce rôle particulier, aussi bien que la contrainte exercée contre eux pour les obliger à s'y soumettre appartenaient au *judex publicus*, si cela n'était pleinement établi par la considération que les diplômes d'immunité interdisent à celui-ci précisément de le faire sur les terres privilégiées.

Ces observations ne laissent guère de doute, croyons-nous, sur ce qui regarde l'article des privilèges d'immunité où est exprimée l'interdiction *nec fidejussores tollendos*, opposée à

____

(1) Bignon qui cite ce texte, dit en même temps que la locution *fidejussores requirere* se trouve également dans de nombreux diplômes. — Bignon, *Notæ ad Marculfum.* — Baluze, capitul. II, 883.

l'action du *judex publicus*. Dans certains cas, celui-ci se déchargeait, il y a lieu de le croire, du soin de garder et de conduire devant la justice, devant le roi notamment, les prévenus récalcitrants, et il les remettait pour cela aux mains de particuliers désignés par lui et obligés d'accepter comme *fidejussores* la mission qu'il leur imposait, c'est-à-dire l'obligation de garder et de conduire sous leur responsabilité ces prévenus devant le juge. Les mots *tollere, requirere* appliqués à cette désignation des *fidejussores* montrent assez que celle-ci, comme nous l'avons fait remarquer, n'avait pas lieu sans une certaine contrainte. On se fait sans peine une idée de ce que pouvait comporter d'arbitraire et de vexatoire cette manière de procéder ; et l'on comprend l'importance que les hommes exposés à la nécessité de s'y soumettre pouvaient attacher à l'avantage d'être délivrés de pareils abus. Delà le mérite de l'interdiction *nec fidejussores tollendos* opposée par les priviléges d'immunité aux *judices publici*, c'est-à-dire aux agents du pouvoir public sur les terres privilégiées.

Nous ne savons peut-être pas tout, en ce qui concerne les *fidejussores* que les diplômes d'immunité défendent de lever, *tollere*, parmi les hommes couverts par le privilège. Nous ne savons notamment pas comment ils étaient choisis, ni quelles suites entraînait pour eux la responsabilité qui leur incombait. Nous en savons assez cependant pour apprécier quel bienfait c'était pour les hommes vivant sous le privilège de l'immunité, que d'être affranchis de ces obligations.

On ne saurait affirmer non plus que les *fidejussores* qu'il était défendu au *judex publicus* de prendre, *tollere*, parmi les sujets de l'immunité, ne fussent jamais chargés d'aucune autre commission que celle de garantir la comparution d'un prévenu en justice. Certains indices tendent à faire croire qu'on aurait bien pu les obliger quelquefois aussi à garantir par exemple le paiement des amendes auxquelles un coupable était condamné (1).

---

(1) Un diplôme de 1075 dont nous donnons plus loin des extraits [§ 33, n° 3] mentionne les *fidejussores* dans des termes qui semblent impliquer pour eux, à cette époque, un rôle habituel dans la procédure des plaids.

Ajoutons une dernière observation à celles qui précèdent, c'est que la locution *fidejussores tollendos* est remplacée par celle *fidejussores ponendos* qui paraît avoir le même sens, avec un moindre accent de violence, dans un diplôme de 817. Nous trouvons dans un autre de 841 la locution *fidejussores alicui tollendos* qu'il peut être bon de noter, et dans un troisième de 1173 l'expression *firmantiæ* qui pourrait se rapporter, sans que nous osions l'affirmer du reste au même objet (1).

— § 12. —

Une des clauses les plus importantes et les plus fécondes en résultats de l'immunité, est celle qui interdit au *judex publicus* l'exercice de la *districtio* sur les hommes habitant le territoire privilégié (2) ; (*nec*) *homines tam ingenuos quam servos super terram ipsius* (*ecclesiæ*) *commorantes distringendos* [§ 4, *h*]. Tout en paraissant concerner particulièrement les sujets, c'était le maître du sol surtout que cette exception intéressait en réalité ; car la *districtio* interdite dans l'immunité au *judex publicus* et indispensable à la police sociale, c'était le possesseur privilégié qui, par lui-même ou par ses officiers pouvait seul l'exercer alors. Il est permis d'estimer que plus qu'aucune autre clause du privilège d'immunité, celle-ci a contribué à la constitution des justices privées, sans en être le principe cependant. Nous allons montrer en effet qu'elle ne faisait guère que confirmer et étendre dans leur application certaines exceptions passées antérieurement déjà dans le droit commun ; et que le développement naturel de celui-

______

(1) Ces trois diplômes de 817, 841, 1173 figurent sous les n°s 37, 45, 165 dans la table que nous avons donnée [§ 2] des documents relevés dans le *gallia christiana,*

(2) L'interdiction *nec homines distringendos* se trouve dans 76 des 196 diplômes relevés dans le *Gallia christiana*. Ils sont compris entre les dates 627 et 1473, et sont indiqués dans la table que nous avons donnée de ces diplô-mes [§ 2], sous les n° 3, 4, 13, 19, 21, 25, 26, 27, 28, 30, 31, 32, 33, 34, 35, 36, 37, 38, 39, 40, 42, 43, 44, 45, 46, 47, 48, 49, 50, 51, 52, 53, 54, 55, 56, 57, 59, 60, 61, 62, 63, 64, 68, 69, 70, 72, 73, 76, 78, 79, 80, 81, 82, 84, 85, 87, 92, 95, 97, 98, 99, 100, 101, 102, 103, 106, 107, 11 0, 113, 118, 119 133, 164, 178, 183, 196.

ci a pu suffire pour préparer cette grande évolution du régime judiciaire au moyen âge. On ne saurait méconnaître cependant que l'immunité y a joué aussi un certain rôle, et que celui-ci est une des conséquences de l'exception qui nous occupe en ce moment.

Une première observation à faire sur le texte de cette exception dans le privilège d'immunité, est qu'il nous montre des hommes de conditions différentes vivant les uns à côté des autres sur le territoire privilégié, des hommes libres et des non libres, *ingenui* et *servi*, dans un état commun de subordination ou de sujétion par rapport au maître de ce territoire. On conçoit sans peine l'existence de cette subordination pour les hommes qualifiés *servi*. Quant aux *ingenui*, on se fera une idée de l'état de dépendance où ils étaient ainsi réduits, en se rappelant que telle était alors la situation des *coloni* vivant dans les domaines du fisc aussi bien que sur les terres d'église.

— « Liberi autem ecclesiastici quos colonos vocant, omnes » sicut et coloni regis, ita reddant ad ecclesiam. » — Dagoberti regis capitul. a. 630, c. 23. — Baluze, capitul. I, 63.

— « Quoniam in quibus dam locis, coloni, tam fiscales quam » de casis Dei, suas hereditates, id est mansa quæ tenent.... » quibuscunque hominibus vendunt.... et hac occasione sic » destructæ sunt villæ.... hoc nullo modo.... fiat. » — Caroli regis capitul. a. 864, c. 30. — Ibid. II, 188.

Mais les *coloni* n'étaient pas les seuls hommes libres qui vécussent dans une condition subordonnée par rapport au maître du territoire habité par eux. D'autres *liberi* étaient également dans ce cas, comme on le verra par les explications qui vont suivre.

Nous ne pousserons pas plus loin cette première observation, et nous en venons tout de suite à l'objet essentiel de l'exception que nous avons en vue, la *districtoi ;* expression dont la signification précise est fournie par celle du mot *distringere*, dont on a de nombreux exemples. En nous bornant à l'examen de ceux de ces exemples qui se trouvent dans les capitulaires et les formules, ou bien dans les textes que contient le Glossaire de Du Cange, on voit que le sens propre de *distringere* est: contraindre, *coercere*, avec ses dérivés; obliger à faire, *compellere ;* contraindre par jugement, *judicare.*

Nous saisissons le sens propre de l'expression, celui de contraindre, *coercere,* par ce qui est dit de la saisie, *coercere per res et mancipia,* dans les textes suivants :

— « Quod si jussa facere neglexerint, licentiam eos distrin-» gendi comitibus permittimus per ipsas res. » — Pippini regis capitul. a. 812. c. 23, 24. — Baluze, capitul. I, 547.

— « Si ad mallum non venerint, banniantur, et per res et « mancipia vel mobile distringantur ut veniant.» — Caroli regis capitul. a. 873, c. 3. — Ibid. II, 228.

— « Pro districtione illius casa incendatur. » — Caroli regis capitul. a. 797, c. 8. — Ibid. I, 278.

L'acception obliger à faire se trouve dans les locutions *compellere ad compositionem, ad justiciam faciendam, ad mallum, ad judicium.* Nous en citerons les exemples suivants :

— « (Si) placitum... neglexit,... jubemus ut quicquid lex » loci... de tale causa debuerit, vobis distrahentibus (distrin-« gentibus), ipse... conponat, atque emendare studeat. » — Rozière, formules, n°ˢ CCCCXLIII, CCCCXLIV. — Marculfe, formul. append. n° 38. — Baluze, capitul. II, 455.

— « Liceat illi eos distringere ad justicias faciendas. » — Ludovici imp. capitul. a. 815, c. 3. — Ibid. I, 551.

— « Per districtionem comitis ad mallum veniant. » — Caroli imp. capitul. a. 801, c. 19. — Ibid. I, 352.

— « Neque quislibet de clero . . . ad publica vel ad secularia » judicia trahantur vel distringantur. » — Caroli imp. capitul. a. 801, c. 39. — Ibid. I, 355.

Le sens contraindre par jugement, c'est-à-dire juger, *judicare,* se reconnaît également dans plusieurs textes :

— « Et si quis alium mallare vult de qualicunque causa, in » ipso mallo publico debet mallare ante judicem suum, ut ille »͏ judex eum distringat secundum legem. » — Dagoberti regis capitul. a. 630, c. 36. — Baluze, capitul. I, 66.

— « Communia placita faciant (comites) tam ad latrones » distringendos quam ad cæteras justicias faciendas. » — An. gesisi capitul. L. III, c. 87. — Ibid. I, 770.

Les textes qui précèdent sont d'accord avec les termes des lettres d'immunité, pour montrer que le droit de contraindre *jus distringendi* était un des attributs des fonctions assignées

au *judex publicus*. Les lettres d'immunité en interdisant à celui-ci de l'exercer dans certains cas, fourniraient à elles seules
une preuve suffisante du fait.

Les hommes libres étaient directement soumis à la *districtio* exercée par les *judices publici*. Il en était différemment
des non libres. Ceux-ci même en droit commun étaient,
quant à l'exercice de la *districtio*, l'objet d'une exception. Ils
ne la subissaient de la part des *judices publici* qu'indirectement, d'une manière médiate, et par l'intermédiaire de leur
maître. C'est celui-ci en effet qui devait ou les amener devant
la justice, ou répondre pour eux ; c'est sur lui par conséquent
que s'exercait pour les atteindre, la *districtio* du *judex publicus*. Les preuves abondent pour en témoigner :

— « Si servus furtum fecerit, dominus ejus xxxvi solidis cul-
» pabilis judicetur. » — Dagoberti regis capitul. a. 630, c.
29. — Baluze, capitul. I, 33.

— « Dominus pro illo (servo) respondeat. » — Angesisi capitul. L. III c. 44 — Ibid. I, 762.

— » Nemini liceat dimittere servum suum propter dam-
» num ab illo cuilibetillatum ; sed ... pro illo respondeat, vel
» eum in compositionem aut ad pœnam petitori offerat... Pro
» quibus libet causis servi non mittantur in districtionem, sed
» per.. dominos eorum.. ipsi servi distringantur, et ipsi (do-
» mini) sicut lex jubet rationem pro servis suis reddant utrum
» culpabiles sint an non. Ipsi vero domini distringant et in-
» quirant servos suos. » — Caroli. imp. capitul. a. 801, c. 12.
— Ibid. I, 350.

— « Si servus alicujus ita clamosus est, comes dominum
» servi commoneat ut eum in mallo præsentet. » — Caroli
regis capitul. a. 873, c. 3. — Ibid. II, 229.

Ce n'est pas tout. Dans certaines conditions de fortune
amoindrie, ou pour d'autres raisons, des hommes libres se
plaçaient parfois volontairement dans une situation analogue
à celle des non libres, sous la supériorité d'un personnage
puissant, qui prenait à leur égard comme *patronus*, pour ce
qui est de la *districtio*, le même caractère et le même rôle
que le *dominus* à l'égard des non libres :

— « Si homo ingenuus (in) obsequio alterius inculpatus fuerit,
» ipse qui eum post se... retinuit, in præsentia judicis... re-

» præsentare studeat, aut in rem respondere. » — Dagoberti regis capitul. a. 630, c. 31. — Baluze, capitul. I, 34.

— « Et si quispiam eorum (Hispanorum in regno Francorum » degentium) in partem quam ille ad habitandum sibi occu- » paverat, alios homines undecunque venientes adtraxerit, et » secum in portione sua . . . . . . habitare fecerit, utatur illo- » rum servitio, . . . et liceat illi eos distringere ad justicias fa- » ciendas quales ipsi inter se definire possunt. Cœtera vero » judicia, id est criminales actiones, ad examen comitis reser- » ventur » — Ludovici Pii capitul. a. 815, pro Hispanis etc. c. 3. — Ibid. I, 551.

— « Quicunque liber homo ingeniose in servitium alicui se » tradiderit, is qui eum receperit hoc quod ille . . . facere de- » buit. adimpleat. » — Pippini regis capitul. a. 812, c. 25. — Ibid. I, 547.

— « Qui sine proprietatibus (sunt). . . quibus constringi pos- » sint. . . , ipsi cum quibus manere videntur, aut eos præ- » sentent, aut pro eorum malefactis rationem reddant. » — Caroli imp. capitul. a. 801, c. 21. — Ibid. I, 352.

— « De liberis hominibus qui super alterius terram resident.. » constituimus ut, secundum legem, patroni eorum eos ad » placitum adducant. Et si quis eos . . . distringere præsump- » serit, patronis eorum... emendet. » — Capitula excerpta, titul. V, c. 23.— Ibid II, 336.

On reconnaît dans les exemples qui précèdent quels étaient ceux qui, suivant le droit commun, échappaient par excep- tion à la *districtio* directe ou immédiate du *judex publicus*, et ne la subissaient que par l'intermédiaire d'un maître ou d'un patron. C'étaient les *servi* soumis naturellement à leur maître *dominus*, et certains hommes libres de petite condition tom- bant sous la supériorité d'un *patronus*, sur la terre de qui ils vivaient. Telle est précisément la condition des hommes que mentionne l'exception qui nous occupe, dans les privilèges d'immunité : *homines tam ingenuos quam servos super ter- ram ipsius (ecclesiæ) commorantes.*

Les textes que nous avons cités comme se rapportant à cette situation montrent le maître, *dominus, patronus*, obligé de conduire ses hommes libres ou non libres devant le *judex publicus*, qui n'a directement aucune prise sur eux. On com-

.prend qu'il ressortait de là pour le maître lui même vis-à-vis de ceux-ci un droit de contraindre, *districtio*, qui n'était autre chose que le résultat d'un déplacement du droit incombant précédemment à ce sujet au *judex publicus*. Ajoutons que de l'exercice de cette *districtio* par le maître ou par ses officiers, *judices privati* [§ 6], pouvait découler une sorte de juridiction se rattachant aux origines de la justice privée. La clause des concessions d'immunité qui devait produire des résultats analogues en interdisant au *judex publicus*, la *districtio* sur le territoire privilégié, ne faisait que confirmer et étendre dans ses applications l'exception généralement admise pour le maître, *dominus*, *patronus*, en droit commun.

Nous étions donc fondé à dire, au commencement du présent paragraphe, que les développements naturels du droit commun ont pu suffire pour préparer l'évolution qui a introduit dans les coutumes du moyen âge l'usage des justices privées, et que l'immunité n'y joue qu'un rôle accessoire bien loin d'en être le point de départ et la cause même.

Nous avons dit aussi que, parmi les clauses diverses du privilège d'immunité, c'est celle relative à la *districtio* qui a plus qu'aucune autre concouru à ce résultat. Nous avions annoncé, et c'est ce que justifie la précédente discussion que l'immunité n'est pas la source des justices privées. C'est à un développement du droit commun, en ce qui regarde le droit de propriété, que ce rôle appartient vraisemblablement, par le déplacement d'une certaine part du droit de *districtio* enlevée dans ce cas au *judex publicus*, et transportée au possesseur et à ses agents, *judices privati*.

La *districtio* est le principe même et l'organe essentiel de la police sociale. C'est le plus considérable peut-être des droits de l'autorité publique. Celle-ci devait se voir, comme nous venons de l'indiquer, graduellement dépouillée de ce droit par divers empiétements aux dépens des attributions des *judices publici*, puis par les usurpations des *judices publici* eux-mêmes, devenus possesseurs à divers titres de leur office et de ses attributions essentielles. L'exercice du droit de *districtio* se manifeste avec les caractères que nous venons d'indiquer, dans diverses locutions que nous fournissent quelques-uns des diplômes empruntés pour cette étude au *Gallia chris-*

tiana. Nous les mentionnons avec les numéros sous lesquels figurent ces diplômes dans la table que nous en avons donnée [§ 2]. C'est en 883 (n. 42) *consuetudinarios distringere ;* en 899 (n. 81) *districtum facere ;* vers 914 (n. 85) *in placitum* (sacerdotes) *distringere ;* en 985 (n. 102) *districtum impetere ;* en 1128 (n. 137) *terrenæ districtiones ;* en 1197 (n. 177) *testes distringere*. On peut encore rapprocher de ces locutions les suivantes qui correspondent à des idées analogues : en 845 (n. 56) *homines molestare ;* Vers 1080 (n. 122) *manum mittere pro justitia facienda ;* en 1092 (n. 126) *in causam trahere ;* en 1098 (n. 128) *potestatem exercere*. Les notions qui résultent de ces indications complètent, avec ce qui a été dit précédemment, l'idée qu'on peut se faire du droit de *districtio*.

— §. 13. —

Après les restrictions formulées contre l'exercice de la *districtio* par les *judices publici* sur le territoire de l'immunité, le texte que nous suivons comme type de ces lettres de privilège mentionne la défense qui leur est faite d'opérer sur ce territoire certaines perceptions, (1) *nec ullas redhibitiones aut illicitas occasiones requirendas* [§ 4, i.]

Redhibitiones aurait, d'après les exemples que du Cange en donne, le sens de *redditio* et ceux qui en dérivent, savoir *redditus, proventus,* ou *præstatio, vectigal, tributum,* ou bien encore *satisfactio,* et *mulcta*. Il s'agit en tout cas de perceptions à divers titres. C'est dans les capitulaires un terme d'une signification générale.

— « Pascualia infra... terminos... vel... villas nec telonea » infra comitatum... nec alia quælibet redibitio ab illis ... exigatur. » — Caroli regis capitul. a. 844, c. 2 — Baluze, capitul. II, 27.

(1) L'interdiction des *redhibitiones et illicitæ occasiones* se trouve mentionnée dans 80 des 196 diplômes relevés dans le *Gallia christiana*. Ils sont compris entre les dates 638 et 1473, et sont indiqués dans la table que nous avons donnée de ces diplômes [§ 2], sous les nos 4, 5, 6, 8, 9, 14, 18, 19, 25, 26, 27, 28, 29, 30, 31, 32, 33, 34, 35, 36, 37, 38, 39, 40, 41, 42, 43, 45, 46, 47, 48, 49, 50, 51, 52, 53, 54, 55, 57, 58, 59, 60, 61, 62, 63, 64, 67, 69, 70, 71, 72, 73, 76, 78, 79, 80, 82, 84, 85, 87, 88, 89, 90, 97, 98, 99, 101, 103, 106, 107, 110, 113, 118, 119, 120, 133, 161, 178, 183, 196.

Dans les lettres d'immunité, ce mot *redhibitiones* doit vraisemblablement s'appliquer aux sources diverses de revenus et avantages que ne comprennent pas les mots *freda, tributa, mansiones, paratas* employés au paravant déjà pour exprimer des exceptions spéciales.

Quant à *occasiones*, si dans le latin classique *occasio* avait, comme il semble, le même sens que le mot occasion du français moderne, et signifiait proprement le moment favorable pour un acte quelconque, se rattachant ainsi au radical *occidere* tomber (1), le même mot dans la langue du moyen âge pourrait se rapporter plutôt, en raison des applications qui en sont faites souvent, au radical *occare*, couper, et se rapprocher du sens des mots taille et tailler, qui ont servi à qualifier l'imposition personnelle levée au temps de l'ancienne monarchie sur les roturiers. Cependant le passage de la signification première du mot à la seconde peut s'expliquer par son emploi avec un sens défavorable dans des circonstances comme celle-ci :

— « Ut non pro aliqua occasione, nec vuacta, nec de scara, » nec warda... heribannum comes exactare præsumat. » — Caroli, imp. capitul. a. 812, c. 2. — Baluze, capitul. I, 493.

Il s'agit ici en tout cas, cela est certain, de perceptions illicites et d'impositions abusives, comme celles dont il est parfois question dans les capitulaires.

— « De injustis occasionibus et consuetudinibus noviter » institutis, sicut sunt tributa et telonei in media via, ubi nec » aqua, nec palus, nec pons, nec aliquid tale fuerit unde » census juste exigi potest, vel ubi naves subtus pontes tran- » sire solent, sive in medio flumine, ubi nullum obstaculum » est, ut auferantur. » — Angesisi capitul. L. IV, c. 47. — Baluze, capitul. I, 786.

Ce passage nous montre ce que pouvaient être ces *occasio-*

(1) « Occasio est pars temporis habens in se alicujus rei idoneum » faciendi aut non faciendi opportunitatem ». Cicero, Iuvent. I, 27. Cité par Freund, Gr. Diction. lat. — La même signification est donnée aussi parfois au mot *occasio* dans les capitulaires : « Occasiones quæ- » runt super illum pauperem quomodo eum condemnare possint. » Caroli, imp. capitul, a. 811, c. 3. Baluze, capitul. I, 485. — Nous citons plus loin (à la fin du § 16) un autre texte encore des capitulaires, où le mot *occasio* est employé dans un sens analogue.

nes illicitæ, que les lettres d'immunité interdisent particuliè-
ment à tout *judex publicus* de lever sur le territoire privilégié.

Les diplômes relevés dans le *Gallia christiana* pour la présente étude nous fournissent sur les *redhibitiones* et les *occasiones* un complément d'informations qui fixent parfaitement
leur caractère. Ces informations résultent de certaines indications que nous allons mentionner, en y joignant les numéros sous lesquels sont rapportés, dans la table que nous
avons donnée de ces documents [§ 2], ceux qui renferment
ces indications. On y voit que les *redhibitiones* et *occasiones*
sont des revenus du fisc (n° 21), et qu'elles sont ailleurs qualifiés *publicæ functiones* (n°ˢ 36, 40, 46, 51, 70, 72, 76, 87,
107, 119, 196,), *judiciariæ exactiones* (n° 76), *exactiones*
(n° 68, 85, 88, 102, 132, 180, 182). Pour ce qui regarde en
particulier les *redhibitiones*, nous signalerons le rapprochement de cette expression et de celles *debitiones* (n° 82), *redditiones* (n° 110), *redditus* (n° 106). Quant à *occasiones*, les
locutions qui se trouvent rapprochées de celle-là et qui lui
servent de commentaire, sont celles de *consuetudines* (n° 89
112, 115, 132, 133, 137, 144), *malæ consuetudines* (n° 104),
consuetudines sæculares (n° 140), *leges* (n° 95), *sæculariæ leges*
(n° 112, 133).

L'exemption des *redhibitiones* et *occasiones* complétait
celle où étaient mentionnés précédemment les *freda* et les
telonea. Elle interdisait au *judex publicus* des perceptions
généralement abusives, comme l'autre les perceptious régu-
lières, sur les terres garanties par le privilège de l'immunité.

— § 14. —

Nous avons maintenant à mentionner ce qui semble être la
conclusion du privilège : *sed liceat... res* (ecclesiæ)... *sub tuitionis atque immunitatis nostræ defensione, remota totius judiciariæ potestatis inquietudine, quiete possidere, et nostro parere
imperio, atque pro incolumitate nostra... exorare delectet*
[§ 4, *m*, *n*].

Les terres privilégiées sont mises ainsi sous la protection
directe du roi, dans la condition d'immunité acquise à ses
propres domaines, et à l'abri de toute ingérence des officiers

publics de quelqu'ordre que ce soit; nous savons que tel est le sens de la locution *judiciaria potestas* [§ 6]. En même temps l'expression des intentions du souverain se complète par cette considération que ceux à qui sont assurés les avantages de l'immunité doivent être par là plus complètement soumis à son empire et plus librement dévoués à l'obligation de prier pour lui. Nous signalons ces particularités comme preuves à faire valoir que l'immunité n'avait pas pour objet de détacher de l'allégeance envers le souverain celui qui avait reçu cette faveur. On peut ajouter que cette clause insérée dans un petit nombre seulement de diplômes, dans 23 titres sur les 196 donnés par le *Gallia christiana*, était nécessairement sous-entendue dans ceux qui ne la contenaient pas. Dans les 23 diplômes qui la contiennent de 814 à 1238, on la trouve exprimée de diverses manières, toutes équivalentes cependant, et se rapportant évidemment à la même pensée. C'est: *nostro parere imperio*, sous les dates de 814, 815, 816, 816, 817, 843, 850, 947, 1052; *parere nostræ jussioni*, sous celles de 843, 1157; *salva imperiali justitia*, dans des titres de 1157, 1157, 1175, 1177, 1214; *salvo imperiali jure* en 1178, 1214, 1238; *salva regia auctoritate* en 1156 et 1208. On trouve également, avec la même signification, sous la date de 889 la formule, *et nobis fideliter deservire*, et sous celle de 985, cette autre ayant le même caractère, *salva nostra reverentia* (1).

Cette condition expresse d'obéissance envers le souverain combat d'avance, ainsi que nous venons de le faire remarquer, l'interprétation qu'on a parfois donnée abusivement aux lettres d'immunité pour en faire des concessions d'indépendance absolue et même de souveraineté au profit des privilégiés qui lès possédaient, par l'extension arbitraire donnée aux conséquences habilement tirées de leurs diverses dispositions. C'est ce qu'on a fait surtout de celles de ces dispositions dont il nous reste maintenant à parler, concernant l'abandon des droits du fisc.

---

(1) Ces 23 pièces sont indiquées dans la table que nous avons donnée des diplômes relevés dans le *Gallia christiana* [§ 2], sous les n°s 25, 28, 35, 36, 37, 47, 48, 61, 79, 91, 101, 119, 156, 158, 159, 160, 168, 169, 171, 180, 183, 184, 186.

— § 15. —

L'essence même du privilège d'immunité était de constituer, avec le caractère d'une concession en quelque sorte négative, une exception au droit commun, par l'interdiction des actes d'autorité à tout officier public, *judex publicus*, sur le territoire privilégié. Tout ce que nous avons vu jusqu'ici dans le diplôme d'immunité est conçu dans cet esprit. Nous arrivons à une disposition d'une nature toute différente, à une concession positive, celle des droits du fisc, *quidquid de præfatæ rebus ecclesiæ jus fisci exigere poterit in integrum eidem concessimus ecclesiæ* [§ 4, p]. Cette concession a une importance très grande, à cause des conséquences surtout qui en ont été tirées dans les développements ultérieurs du privilège d'immunité. Elle est la source de droits politiques considérables qui, malgré les irrégularités de leur origine, ont parfois engendré de véritables souverainetés.

Nous avons annoncé précédemment déjà cette clause de la concession des droits du fisc, à propos de l'exception relative à la levée des *freda* et des *tributa* interdite aux officiers publics sur le territoire de l'immunité [§ 9]. Nous avons dit alors que cette dernière exception n'impliquait pas nécessairement la suppression de ces levées, mais seulement une modification dans leur mode de recouvrement ; cette opération interdite aux *judices publici* ne pouvant être faite dès lors que par les agents particuliers du possesseur privilégié. Pour aller plus loin, pour attribuer à celui-ci le produit de cette perception, il fallait que la concession formelle lui en fût encore faite. Tel est, croyons nous, l'objet de la concession des droits du fisc, *quidquid jus fisci exigere poterit.*

Les privilégiés durent tendre naturellement à généraliser le fait de cette concession, d'abord en la supposant quand elle n'était pas formellement exprimée dans la charte d'immunité ; et ensuite, lorsqu'elle s'y trouvait, en lui donnant l'interprétation la plus large possible. Elle manque en effet dans un certain nombre de diplômes, quoiqu'elle y apparaisse dès les premiers temps, au VIIe et VIIIe siècles. 56 titres la contiennent parmi les 196 diplômes d'immunité fournis par le *Gallia* *c*hristiana (1). Quant à son interprétation nous dirons plus loin [§§ 20 à 26] jusqu'où elle a été portée. Voyons d'abord ce que la concession pouvait être à son origine.

Dans la langue des capitulaires, le mot *fiscus* désigne le trésor et les domaines du souverain. C'est quelquefois à ce dernier titre la qualification d'un territoire.

— « Nostri fisci describantur, ut scire possimus quantum » etiam de nostra in uniuscujusque legatione habeamus. » — Caroli imp. capitul. a. 812, c. 7 — Baluze, capitul. I, 498.

— « Si falsus monetarius... in nostrum confugerit fiscum, » requiratur à ministro nostro. » — Caroli regis capitul. a. 864, c. 18. — Ibid. II, 181.

Le plus souvent, cependant, le mot *fiscus* désigne, comme il vient d'être dit, le trésor même du prince et il est mentionné alors à propos des perceptions opérées pour lui. Ce sont les amendes, les confiscations, les déshérences, les *freda*, les *tributa*, etc.

— « Si... comes... vindictam tali crimini imponere neglexerit, honore careat, et duas libras auri| fisci viribus dare compellatur. » — Angesisi capitular. L. V, c. 385. — Baluze, capitul. I, 906.

— « (Si) ille qui admallatur ad nullum placitum venire, nec » per legem se educere noluerit... omnes res suæ erunt in » fisco, aut cui fiscus dare voluerit. » — Caroli regis capitul. a. 798, c. 59. — Ibid. I, 319.

— « Si quis..., dimisso exercitu, absque jussu vel licentia » regis domum revertatur... ipse... vitæ incurrat periculum, » et res ejus in fisco nostro socientur.» — Caroli Imp. capitul. a. 801, c. 3. — Ibid. I, 347.

— « Si quis episcopo aliquam injuriam... fecerit, de vita » componat... et nobis in triplo bannus noster id estlx solidi » persolvantur, aut ipse in servitio fisco nostro serviturus sem » per societur usque se redimere in triplo juxta wirgildum

(1) Ces 56 titres compris entre les dates de 627 et 1473 sont indiqués dans la table que nous avons donnée de ces 196 diplômes [§ 2], sous les n°s 3, 7, 8, 9, 11, 12, 13, 14, 15, 20, 22, 24, 25, 26, 27, 28, 29, 33, 34, 36, 40, 41, 42, 43, 44, 45, 46, 47, 48, 51, 54, 57, 59, 60, 61, 62, 63, 64, 70, 72, 73, 78, 79, 80, 86, 87, 97, 109, 119, 120, 135, 159, 161, 178, 183, 196.

» suum potuerit. » — Ludovici imp. capitul. a. 826, c. 3. — Ibid. 1, 649.

— « Si quis se de parentela tollere voluerit... si postea... » occiditur aut moritur, compositio aut hereditas ejus non » ad hæredes ejus, sed ad fiscum pertineat, aut cui fiscus » dare voluerit. » — Caroli regis capitul. a. 798, tit. 63. — Ibid. I, 321.

Ces textes concernent les amendes, les confiscations, les déshérences; nous en avons cité précédemment plusieurs autres relatifs aux *freda* [§ 9]. Pour ce qui est des *tributa*, les capitulaires ne contiennent aucun passage où ils soient mentionnés explicitement parmi les perceptions faites au profit du fisc. La réalité de leur attribution à celui-ci ne saurait d'ailleurs faire question, et les preuves à cet égard ne sont pas nécessaires (1). Nous avons dit ce qu'étaient les *tributa*, charges de toute nature représentant l'ancien impôt romain, la *capitatio* aussi bien que le *census,* et comprenant les *telonea,* les *publicæ functiones* etc [§ 9].

Tels sont les droits du fisc, *jus fisci*, transportés au bénificiaire de l'immunité par un certain nombre des diplômes qui confèrent ce privilège. Le développement donné graduellement à cette importante concession s'annonce de bonne heure. Il s'indique notamment déjà dans les termes détaillés d'un diplôme de Charlemagne pour l'église de Paris, dont nous avons donné précédemment un extrait [§ 9], et où il est question de tout ce que peuvent fournir en faveur du fisc les hommes libres vivant sur la terre de l'église : « quidquid fiscus noster de » quolibet modo de omnibus liberis hominibus qui super ter- » ram.. ecclesiæ.... commanere noscuntur, tam de capitibus » quam et de omnibus reddibitionibus... habeat. » Dans un autre diplôme du milieu du IXe siècle (vers 846) on lit : « quiquid fiscus noster vel comes habere poterat... ecclesiæ » concedimus. » Dans un diplôme de 1015 les droits concédés sont « omnes exactiones et redditus et quidquid perti- » nebat ad comitatum in villis... hoc est etc. » (2). Il n'est

(1) Voir Bignon, « In fisci ditionibus » — *Notæ ad Marculfum.* — Baluze, capitul. II, 890.

(2) Ces trois documents empruntés au *Gallia christiana* sont indiqués

pas nécessaire d'insister pour faire comprendre le caractère des droits exprimés dans ces termes.

La concession du *jus fisci* sur des domaines qui dans le principe n'étaient pas encore très considérables, pourrait bien n'avoir pas eu originairement une très grande importance. Elle est expliquée dans quelques diplômes comme étant une simple aumône destinée à augmenter les ressources appliquées au luminaire des églises, à la nourriture des pauvres et à l'entretien des religieux : *Ut in luminaribus ecclesiæ vel alimonia (seu eleemosinâ) pauperum, seu stipendio monachorum (seu clericorum) proficiat in augmentum* (1). Ce n'est pas ainsi que s'annoncerait une donation jugée considérable. Elle l'était d'autant moins que les domaines des églises n'avaient pas encore, ainsi que nous venons de le dire, à l'époque de ces premières concessions, l'immense étendue qu'ils prirent par la suite pour former parfois de véritables États.

L'accroissement de ces domaines devait entraîner naturellement celui également des avantages qui les accompagnaient ; et ces avantages devaient grandir simultanément encore par une interprétation de plus en plus large des termes de leur concession originaire, par l'abandon notamment qui s'y joint bientôt de droits analogues sur des territoires même qui ne faisaient point partie des domaines des églises, mais qui se trouvaient à divers titres sous la main des prélats. C'est ce que nous montrerons un peu plus loin [§§ 18 à 27], en expliquant les développements pris ultérieurement par l'immunité, au profit des successeurs des premiers bénéficiaires, héritiers de ce privilège. Ces développements sont considérables, grâce à la liberté des interprétations données peu à peu aux concessions primitives, grâce aussi à des additions faites gra-

---

dans la table que nous avons donnée des diplômes relevés dans ce grand ouvrage [§ 2] sous les nᵒˢ 21, 57 et 109.

(1) Il y a lieu de faire observer cependant que parmi les 56 titres d'immunité du *Gallia christiana* que nous avons mentionnés tout à l'heure comme renfermant la concession du *jus fisci*, 12 seulement contiennent l'explication *in luminaribus ecclesiæ* etc. Ces 12 titres, compris entre les dates de 710 et 920, figurent dans la table que nous avons donnée des diplômes relevés dans le *Gallia christiana* [§ 2], sous les nᵒˢ 9, 11, 12, 14, 20, 22, 36, 40, 44, 46, 51, 86.

duellement à ces premières concessions, accrues ainsi progressivement en nombre et en importance.

Nous nous bornerons maintenant à signaler le point de départ de ces développements, nous contentant de montrer, comme nous l'avons fait dans le présent paragraphe, ce que sont à ce moment les perceptions du fisc, suivant la législation des capitulaires, afin de caractériser une situation à la quelle se rapporte, en ce qui touche ces perceptions du fisc, la concession de l'immunité.

Avant d'aller plus loin, nous ajouterons à ce qui précède une observation, c'est qu'il ne faut pas confondre la concession, dont il vient d'être question, des impôts, *tributa*, *telonea*, etc. à percevoir dans les terres de l'immunité, avec l'exemption des impôts analogues accordée à certains privilégiés dans toute l'étendue de la domination des souverains « in regno « et imperio nostro » « exemption formulée dans quelques diplômes. La moindre attention suffit pour établir cette distinction et pour éviter toute confusion à cet égard.

— § 16. —

Nous pouvons envisager maintenant dans son ensemble la situation faite originairement au domaine pourvu de l'immunité par les conséquences immédiates du privilège. Le premier résultat de celui-ci était de mettre les habitants de son territoire à l'abri de l'action directe des agents de l'autorité publique, et de les défendre ainsi contre les abus que pouvait engendrer l'omnipotence de ces derniers. Les habitants du territoire privilégié n'étaient du reste affranchis par là, ni de la juridiction des juges publics, ni du paiement des frais de justice ou des impôts consacrés par la coutume ou par la loi, ni des charges publiques résultant de l'observation des usages légitimes.

Pour ce qui est de la juridiction, nous avons dit qu'elle continuait à s'exercer comme précédemment sur les sujets de l'immunité aussi bien que sur tout autre, dans les plaids habituels, *placita majora* et *placita minora*, des *judices publici*, à la seule condition que ces plaids ne fussent pas tenus sur le territoire de l'immunité [§ 8]. Quant à l'obligation pour ces hommes d'y comparaître, elle était en ce qui les concernait garantie par la responsabilité du possesseur privilégié dont-ils dépendaient ; situation pour celui-ci analogue à celle qui, en droit commun, était faite alors au maître, *dominus, patronus,* obligé de répondre pour ses hommes ou bien de les amener lui-même devant la justice [§ 8], et investi nécessairement pour cela dans une certaine mesure, du droit de contraindre, *districtio,* dont il partageait à ce titre l'exercice avec les officiers publics, *judices publici* [§ 12]. Il en était de même du possesseur privilégié, auquel seul il appartenait d'exercer soit par lui-même soit par ses agents particuliers *judices privati,* le droit de contraindre, sur le territoire de l'immunité, dans toutes les circonstances où les *judices publici* auraient eu à le faire [§ 12]. La conséquence du privilège d'immunité, n'était donc nullement que les habitants du territoire privilégié se trouvassent affranchis de toute contrainte légale, *districtio,* pas plus que de la juridiction ordinaire exercée dans les *placita majora* et dans les *placita minora.* Seulement, pour l'une comme pour l'autre, ils ne subissaient plus l'action directe du *judex publicus,* mais celle de leur maître, *dominus, patronus,* en possession du privilège de l'immunité, et de ses officiers particuliers, *judices privati.*

Quant aux frais de justice, aux impôts et charges publiques qui constituaient les droit du fisc *jus fisci* [§ 15], au lieu de les payer aux percepteurs du souverain, *judices publici,* les sujets de l'immunité devaient les acquitter vraisemblablement entre les mains des agents du possesseur privilégié. Ils n'étaient donc pas en principe affranchis de ces obligations ; et s'ils étaient délivrés des exactions et demandes illégitimes des officiers publics à cette occasion, ils se trouvaient encore exposés à celles des agents particuliers de leur maître [§§ 9, 13, 15]. Ajoutons que celui-ci ne se borne pas au rôle de collecteur des droits du fisc, et qu'il ne tarde pas à entrer en possession de ces droits, soit par suite d'une concession formelle dont on a de très bonne heure des exemples, soit par des empiétements et usurpations qui étaient inévitables dans cette situation. Cette jouissance des droits du fisc ne semblait pas devoir entraîner il est vrai, celle des droits de gîte, *mansiones* et *paratæ,* lesquels ne profitaient pas, à titre de perception, au fisc proprement dit, et que le privilège d'immunité enlevait simplement aux *judices publici* [§ 10] Mais les souverains usant aussi dans certaines circonstances de ces droits de gîte, les possesseurs paraissent se les être généralement arrogés. On voit subsister l'usage de ces droits pendant tout le moyen âge au profit des seigneurs et de leurs officiers, et il y a tout lieu de croire que les possesseurs privilégiés s'en étaient saisis également.

Ainsi, restrictions apportées au rôle des *judices publici,* développement de celui du possesseur privilégié et de ses agents, *judices privati,* telle est la conséquence immédiate du privilège d'immunité dans les territoires pour lesquels il était accordé; telles sont les données de la situation faite dès lors à ceux-ci par ce privilège.

Rappelons ce que nous avons dit précédemment, que cette condition privilégiée pour certains domaines, pour leurs habitants et pour leurs possesseurs n'était pas chose absolument nouvelle au moment où ce régime commence à se généraliser au profit surtout des églises, vers les VIIIe et IXe siècles. C'était sous le même titre d'immunité, la condition des terres de quelques grands possesseurs laïcs, *laici potentes, regis vassalli ;* c'était surtout à certains égards la condition des terres du fisc, c'est-à-dire des domaines du souverain [§ 3]. C'est en quelque sorte comme une extension du privilège naturel de celui-ci et sous le couvert de l'immunité royale elle-même, qu'étaient promulguées les dispositions du même genre, en faveur des églises, *sub immunitatis nostræ defensione,* comme il est dit dans la plupart des diplômes d'immunité [§ 14], dans celui notamment de 815 que nous avons pris comme type de ces concessions [§ 4, *m*].

Le respect du privilège était recommandé par des dispositions de droit commun ; sa violation, *immunitas fracta,* était punie par la *compositio* de 600 sols ; elle était frappée par le *bannum regale.*

— « Et hoc instituimus ut emunitates... in omnibus sic » conservatas esse debeant, sicut est jussio... domini nostri » Karoli regis. » — Pippini regis Ital. capitul. a. 793, c. 8. — Baluze, capitul. I, 537.

— « Prædia... deo... tradita... sub immunitatis tuitone

» perpetua firmitate perdurent... Si quis contra hæc venerit,
» componat sicut de immunitate constituimus. » — Caroli
imp. capitul. a. 814 c. 4. — Ibid. I 520.

— « Quæ ipsius sanctæ ecclesiæ propria sunt nemo... sibi
» vindicare præsumat. Quod si quisquam fecerit... immunita-
» tem ipsius ecclesiæ persolvat, et bannum nostrum tripli-
» citer componat. » — Caroli Calvi imp. capitul. a. 877, c. 3.
— Ibid. II 239.

— « Volumus... ut... quicquid intra... munimenta ad jus...
» ecclesiarum.,. pertinentia... nocendi... causa... committitur,
» in hoc facto immunitas fracta judicatur. Quòd vero in agros
» et campos ac sylvas quæ sine laborantibus sunt et nullo
» modo munitione cinguntur... aliquod damnum factum fuerit,
» quamvis idem ager aut campus vel sylva... ad ecclesiam
» vel monasterium præceptum immunitatis habentem per-
» tineat, non tamen in hoc immunitas fracta judicanda est.
» Et ideo non sexcentorum solidorum compositione... mulc-
» tandus est qui... damnum... fecisse convictus fuerit.. —
» Angesisi capitular. L. V, c. 279. — Ibid. I, 881.

En même temps que le respect du privilège était assuré,
des mesures étaient prises pour empêcher qu'il n'en fût fait
abus. Des dispositions étaient introduites dans la loi, contre
ceux notamment qui prétendaient s'en servir pour donner
une extension arbitraire aux territoires protégés par elle.
Le dernier texte cité toutà l'heure montre que loin de s'é-
tendre originairement à la totalité des domaines des églises,
comme on en vint bientôt à le faire admettre, et comme les
plus anciens diplômes semblent déjà le dire [§ 7], cette protection ne couvrait dans le principe que celles de ces dépendances qui étaient réellement occupées et qui se trouvaient
déterminées et limitées par des clôtures. D'autres textes parlent d'abus d'un genre différent encore, de la part de ceux
qui, se fondant sur le privilège, refusaient de faire justice,
ou bien tendaient à paralyser certains services d'utilité publique, les *scubiæ publicæ* par exemple :

— « De his qui per occasionem immunitatis justitiam facere
» renuunt, ut hoc observetur quod à nobis constitutum est. »
— Ludovici imp. capitul a. 819 c. 9. — Baluze, Capitul. I,
616.

— « Volumus ut de scubiis publicis, quod ad utilitatem
»nostri regni pertinet, præceptum emunitatis impedimentum
» non præstet, sed adjutorium. » — Hlotharii. imp. capitul.
apud Olonam, c. 11. — Ibid. II, 322.

On voit que de bonne heure s'était manifestée la tendance à tirer des conséquences abusives et illégitimes du
principe de l'immunité. C'est là un indice des développements
excessifs que devait prendre graduellement cette institution.
Nous en indiquerons tout à l'heure la direction [§ 17], et
nous en montrerons un peu plus loin les résultats, dans le
tableau de la situation ultérieure de l'immunité, et des conditions auxquelles aboutit ce régime d'exception [§§ 18, 27].

— § 17. —

Nous avons montré dans les paragraphes qui précèdent,
formant la première partie de notre travail, ce qu'était l'immunité dans sa condition originaire. Nous avons expliqué
l'une après l'autre les dispositions essentielles de la charte
constitutive du privilège, dont nous avons pris le type dans
le diplôme de 815 donné par l'empereur Louis le Débonnaire
à l'église d'Autun [§ 4].

En résumé le privilège d'immunité consiste avant tout dans
l'interdiction aux agents de la puissance publique *judex
publicus vel quislibet ex judiciaria potestate* [§ 6] de pénétrer
dans les lieux et d'entrer sur les territoires dépendant des
domaines présents ou futurs du privilégié, *in ecclesias aut loca,
vel agros, seu reliquas possessiones* [§ 7], pour y accomplir
certains actes énumérés dans les diplômes, savoir : tenir les
plaids, *ad causas audiendas* [§ 8], lever au profit du fisc les produits de la justice, *freda*, et ceux des impôts de toute sorte
tributa [§ 9], exiger le gîte, *mansiones*, et les fournitures accessoires qui s'y rapportent, *paratas* [§ 10], saisir comme cautions
des hommes chargés notamment d'amener sous leur responsabilité les prévenus devant la justice, *fidejussores tollendos* [§ 11],
exercer la contrainte légale sur les hommes de toute condition,
libres ou non libres, habitant ces lieux ou territoires, *homines
tam ingenuos quam servos super terram commorantes, distringendos* [§ 12], percevoir des revenus à des titres quelconques,
redhibitiones, faire surtout des levées illicites, *illicitas occa-*

siones [§ 13]. Enfin, pour compléter ces avantages, outre les interdictions qui fermaient devant les agents de l'autorité publique le territoire privilégié, *remota totius judiciariæ potes-tatis inquietudine*, le diplôme d'immunité stipulait souvent encore en faveur du bénéficiaire de ce privilège, la concession de tous les produits et revenus que le fisc ou trésor du prince aurait pu tirer de ce territoire *quidquid de rebus jus fisci exigere poterit* [§ 15].

De pareilles concessions détendaient singulièrement les liens de sujétion qui rattachaient le privilégié au souverain. Elles n'allaient pas cependant, en principe au moins, jusqu'à les briser. La condition *nostro parere imperio* [§ 14] montre que l'octroi de l'immunité n'était pas du tout celui d'une complète indépendance, encore bien moins celui du droit de souveraineté.

Nous avons montré également que cet octroi de l'immunité ne contient pas davantage la concession de la juridiction ; que ce n'est pas là par conséquent qu'il faut chercher l'origine des justices privées, quoique l'immunité ait pu contribuer pour une certaine part au développemement de ce régime particulier. Nous avons expliqué à cette occasion que l'interdiction qui concerne la tenue des plaids, *ad causas audiendas*, n'implique notamment rien de semblable et ne confère aucune juridiction aux agents du possesseur privilégié, aux officiers de l'immunité [§ 8]. La clause qui limite et suspend même l'exercice de la *districtio* par les *judices publici* pouvait bien plutôt conduire à une conséquence de ce genre, qu'elle n'exprime cependant pas explicitement comme nous l'avons fait remarquer. Mais elle concerne une action de police sociale qui ne saurait avoir été absolument supprimée dans l'étendue des domaines privilégiés, et qui, faute d'être exercée par les *judices publici*, à qui elle était interdite, ne pouvait plus l'être que par les *judices privati* [§ 12]. On voit par là comment, dans l'immunité, les sujets du possesseur privilégié ont dû passer nécessairement sous un régime où les agents, les officiers particuliers du maître étaient investis dans une certaine mesure du droit de contraindre, *districtio*, très favorable à l'introduction d'une sorte de juridiction propre en leur faveur. C'est dans cette mesure et par cette voie, que l'immunité a pu contribuer selon toute apparence au développement des justices privées.

Nos dernières observations ont porté sur la concession des droits du fisc, sur les développements qui lui furent donnés, et sur les graves conséquences qui ont dû en découler ; bien que cette concession ait pu n'avoir pas dans le principe une très grande importance [§ 15].

Nous avons enfin déterminé dans une vue d'ensemble la situation faite par l'immunité au territoire privilégié, à ses habitants et à son possesseur. Nous avons dit ce qu'était originairement cette situation [§ 16]. Nous avons annoncé ce qu'elle pouvait devenir. Les droits qui s'y rapportaient devaient bientôt grandir, soit par suite d'un développement naturel, soit par le fait d'empiétements graduels. Ceux-ci se fondent ultérieurement comme nous le verrons sur l'interprétation abusive des concessions premières, et procèdent même souvent d'une usurpation hardie de droits dont il n'était nullement question dans le diplôme initial. Les modifications qui s'accusent graduellement dans la situation résultant du privilège, portent à la fois sur l'accroissement des territoires couverts par l'immunité et sur l'extension des droits positifs, *jus fisci*, concédés souvent avec celle-ci. On comprend sans peine tout ce qui pouvait à la longue sortir de là.

Ces considérations que nous ne faisons qu'indiquer pour le moment appartiennent à un sujet que nous allons aborder, les développements ultérieurs de l'immunité. Nous étudierons en premier lieu ces développements au double point de vue de l'accroissement des territoires privilégiés et de l'extension des droits du fisc, dont la jouissance accompagne et complète les avantages concédés originairement par l'immunité, ainsi que nous venons de le dire. Ce sera le sujet de notre seconde partie. Nous rangerons dans une troisième et dernière partie les observations analogues sur les officiers de l'immunité, sur les progrès de leurs moyens d'action, sur l'agrandissement de leur rôle.

Ces dernières observations concernent un point particulier du développement ultérieur de l'immunité. Elles méritent d'être traitées à part, en raison du caractère tout spécial des faits qu'elles concernent.

Quant aux questions qui se rattachent au double point de vue de l'accroissement des territoires privilégiés et de l'extension des droits du fisc, dont se trouvent en possession à divers titres les bénéficiaires de l'immunité, il y a d'autant plus lieu de les réunir comme nous venons de l'indiquer que les résultats auxquels tendent les développements de ces deux ordres de faits sont souvent identiques : les dernières conséquences tirées de la concession du *jus fisci* aboutissant elles-mêmes fréquemment à une prise de possession de territoire. Le *jus fisci*, le droit du souverain, est en effet quelquefois identifié, fort gratuitement du reste, avec les droits royaux, *regalia jura*, objets eux-mêmes de concessions formelles dans certains cas. La jouissance du premier mène ainsi à la fréquente usurpation des seconds, et cela non seulement dans le domaine privilégié, mais, en dehors même de ce domaine, sur des territoires s'y rattachant de différentes manières et sous divers prétextes. D'un autre côté la possession acquise des *regalia jura* sur ces territoires conduit assez naturellement à la prise de possession des territoires eux-mêmes. C'est ainsi que partant de la jouissance des droits du fisc, qui accompagne généralement le privilège de l'immunité, on arrive souvent à des extensions ou acquisitions formelles de territoires, comme on le verra dans la suite du présent travail.

II

DÉVELOPPEMENTS ULTÉRIEURS DE L'IMMUNITÉ

§ 18. Champ ouvert aux développements du régime de l'immunité. — § 19. Formation des domaines ecclésiastiques. Les *precariæ*. — § 20. Caractère originaire et développements ultérieurs des droits compris dans le *jus fisci*, concédés *salvo imperiali jure*. — § 21. Dénominations appliquées à ces droits. *Regalia jura*. — § 22. *Comitatus*. — § 23. *Centena*. — § 24. *Civitas*. — § 25. Caractère de ces droits. — § 26. Modes d'acquisition et de tenure de ces droits. — § 27. Résumé.

— § 18. —

Nous venons de voir ce qu'était dans ses conditions originaires l'immunité. Nous allons maintenant étudier les développements ultérieurs de ce privilège. Ces développements résultent de l'expansion en quelque sorte des principes mêmes contenus dans son institution première. En expliquant le mécanisme du régime né de l'application de ces principes, nous avons dit quelles étaient les conséquences immédiates de leur mise en pratique, et quelle situation celle-ci faisait originairement au domaine pourvu de ces avantages, à ses habitants et à son possesseur [§ 17].

L'immunité avait surtout ce résultat essentiel de soustraire le territoire privilégié et avec lui les hommes qui l'habitaient, à l'action directe des agents de l'autorité publique, *judices publici*, et de transférer dans des conditions de fait plus ou moins arbitraires cette action au possesseur lui-même et à ses agents particuliers, *judices privati* [§ 6] ; le privilège conférait fréquemment en outre à ce possesseur la jouissance des revenus qui appartenaient antérieurement au fisc, *jus fisci*. Les habitants de toute condition des lieux privilégiés passaient dès lors, pour la police sociale, sous une sorte de juridiction domestique, exercée sur eux par le possesseur et par ses officiers particuliers, en vertu d'une autorité analogue à celle attribuée antérieurement au maître, *dominus*, sur ses hommes propres et même, comme *patronus*, sur des hommes libres dans certains cas [§ 12]. Cette espèce de juridiction avait, en principe au moins, le caractère d'une action intermédiaire, parce qu'elle ne détruisait pas celle des *judices publici* ; c'était comme une action préalable devant concourir finalement à l'action définitive réservée à ceux-ci.

Les conséquences immédiates de cette situation étaient graves. Les conséquences éloignées, celles qui devaient en sortir avec le temps par voie de développement étaient plus graves encore. Nous avons marqué d'avance les points de l'immunité primitive qui devaient le mieux se prêter à ce travail de développement. C'étaient ceux qui regardaient la constitution d'abord du territoire couvert par l'immunité, puis la jouissance des droits du fisc abandonnés au possesseur privilégié, et le rôle enfin des agents et officiers particuliers de celui-ci. Tels sont les faits auxquels se rapportent les questions que nous allons maintenant examiner.

Pour ce qui est de la constitution du territoire couvert par l'immunité, une extension presqu'indéfinie était assurée à ce territoire par l'attribution originaire du privilège aux domaines présents aussi bien qu'aux domaines futurs qui pourraient s'y rattacher, *possessiones quas moderno tempore . . . possidet. . . . vel ea quæ deinceps (possidebit)* [§ 7]. On sait quelle importance devaient donner rapidement à ces domaines, patrimoine des églises, soit les acquisitions directes à des titres divers, les donations surtout, soit la soumission volontaire d'hommes libres, empressés à mettre et leur personne et leurs biens, fût-ce au prix de leur indépendance, dans une situation qui leur assurait les avantages de l'immunité ecclésiastique.

Quant à ce qui regarde la jouissance des droits du fisc, *jus fisci*, nous rappellerons que ces droits non seulement comprenaient les fruits de la justice et le produit des impôts, *freda et tributa*, mais s'étendaient encore à tout ce qui pouvait être compris sous les expressions un peu vagues, *quidquid jus fisci exigere poterit* [§ 15]. Cette dernière formule surtout ouvrait le champ à de hardies interprétations qui ont été portées jusqu'à conclure de cette concession à celle des *regalia jura*, objet formel du reste de certaines donations spéciales, et jusqu'à déduire de ces principes l'abandon prétendu de la juridiction [§ 20], celui enfin de la souveraineté même [§ 25]. A ce chef de la concession du *jus fisci* avec ses développements, se rattachent les donations des droits fiscaux de toute sorte, faites par les souverains, et les actes de confirmation accordés souvent aveuglément par eux, venant consacrer indistinctement, non seulement d'anciens droits de ce genre, mais parfois encore d'audacieuses innovations, des prises de possession illégitimes, et des jouissances de fait plus ou moins abusives. Nous en citons un exemple [§ 26].

Touchant le rôle enfin des officiers particuliers de l'immunité, *judices privati*, engendré par l'interdiction faite aux *judices publici* d'entrer sur le territoire privilégié, *ut nullus judex publicus vel quislibet ex judiciaria potestate in (loca immunitatis) ingredi audeat* [§§ 6, 7], remarquons avant tout que ce rôle trouvait forcément son origine dans une situation où la police sociale cessant d'être faite par les ministres de l'autorité publique, devait naturellement incomber aux agents particuliers du possesseur [§ 12]. Les attributions qui leur étaient échues ainsi devaient rapidement et sûrement se développer, sous l'influence de deux causes connexes procédant de la condition faite par là aux uns et aux autres. La première est l'effacement progressif, en partie volontaire, des officiers publics dans l'exercice de la part de juridiction qui leur appartenait encore, ceux-ci se désintéressant de plus en plus d'une action dont les produits ou droits utiles cessaient d'aller au trésor du prince par leur intermédiaire, avec plus ou moins de profit pour eux-mêmes. La seconde cause de développement pour cette situation réside dans les empiétements graduels effectués par les officiers particuliers de l'immunité, appelés à recueillir les avantages que les autres abandonnaient, et portés naturellement à saisir ainsi, après le droit de contraindre, *districtio*, ceux qui s'y rattachaient, celui d'exécuter, celui de juger quelquefois, le droit de justice lui-même, *jurisdictio*, dans une certaine mesure.

Ainsi, extension graduelle du territoire de l'immunité par l'acquisition de nouveaux domaines ; développement des droits positifs, *jus fisci*, acquis au privilégié en possession de l'immunité, par une interprétation de plus en plus hardie des formules exprimant ces droits ; accroissement progressif du rôle dévolu aux officiers de l'immunité par suite d'incessants empiétements ; tels sont, comme nous l'avons indiqué tout à l'heure, les sujets qui s'offrent maintenant à notre attention. Nous avons dit précédemment quelles raisons l'on a de réserver le dernier pour le considérer isolément, et de réunir au contraire les deux premiers pour les examiner ensemble [§ 17]. Le rapprochement de ceux-ci, rappelons-le, est motivé par cette considération que certaines conséquences tirées de l'interprétation du *jus fisci* tendent à transformer en souveraineté ce qui n'était originairement que la jouissance de certains droits utiles ; évolution qui conduit à la prise de possession des territoires sur lesquels étaient assis ces droits, et aboutit par là au même résultat à peu près que l'acquisition directe de nouveaux domaines, c'est-à-dire à l'extension encore du territoire privilégié.

Telles sont les lignes principales du sujet dont nous allons aborder l'examen. Avant d'y entrer cependant, il nous semble opportun, au point où nous en sommes, de signaler comme ayant influé d'une manière notable sur la marche que suivent les modifications graduelles du régime de l'immunité, un fait essentiel qui mériterait à lui seul une étude spéciale, mais auquel le cadre un peu resserré de notre travail ne nous permet pas de nous arrêter. Nous nous contenterons de l'indiquer succinctement. Il s'agit du caractère d'autorité personnelle des prélats, évêques ou abbés, principaux détenteurs du privilège d'immunité, au nom des Églises qui en sont les titulaires. En même temps que le régime de l'immunité se développe, l'autorité des prélats suit elle-même une marche ascendante, avec un prestige croissant qui donne un accent plus marqué encore à tous les avantages dont ils peuvent être investis, aux droits de l'immunité notamment. Ajoutons qu'en retour, ces mêmes droits fournissent pour une bonne part à ces personnage les éléments de cette puissance même. Certains passages des capitulaires marquent le point de départ et donnent quelques-uns des termes de la situation de plus en plus importante qui leur est ainsi faite.

— « Ipsi nihilominus episcopi singuli, in suo episcopio » missatici nostri potestate et auctoritate fungantur » — Caroli regis capitul. a 876. tit. XLVII, c. 12. — Baluze, Capitul. II, 242.

— « Ut missi nostri omnibus reipublicæ ministris denun- » cient ut comes vel reipublicæ ministri simul cum episcopo » uniuscujusque parochiæ sint, in ministeriis illorum, quando » idem episcopus suam parochiam circumierit, cum epis- » copus eis notum fecerit. » — Caroli regis capitul. a. 867, tit. XXXVIII, c. 10. — Ibid II, 207.

On pourrait sans utilité multiplier les citations de ce genre. Les témoignages de toute sorte abondent dans l'histoire générale du temps sur le même sujet. Ils montrent la puissance croissante acquise alors par les évêques, aussi bien que par les abbés des grands monastères, et le rôle prépondérant pris par eux dans la société, à cette époque. Les droits politiques à la jouissance desquels arrivent ainsi les prélats procèdent de diverses causes. Dans le nombre il faut compter la possession des privilèges de l'immunité, dont les prélats favorisent grandement les développements en bénéficiant eux-même ainsi des avantages qui en résultent. Parmi ces avantages, les principaux sont ceux qu'engendre la jouissance des droits du fisc, *jus fisci*, celle surtout des *regalia jura* qui dans certains cas en procède plus ou moins légitimement comme nous le montrerons. Les prélats saisis de ces droits les détiennent souvent en raison du privilège d'immunité dont ils sont investis, bien qu'ils les possèdent parfois aussi à d'autres titres encore. Nous n'insistons pas sur ce sujet, et nous revenons à celui que nous avons ici surtout en vue, l'immunité.

— § 19. —

L'accroissement rapide des domaines appartenant aux églises est un fait bien connu qu'il suffit de signaler sans avoir besoin d'en fournir la preuve. Les évêchés et certaines abbayes devaient arriver ainsi jusqu'au point de constituer des Etats puissants. Il convient de rappeller au moins par quelles voies s'opéraient généralement ces agrandissements. Ils sont le résultat tout naturel d'acquisitions provenant d'actes accomplis sous toutes les formes, donations, ventes, engagements, etc. Au premier rang sont les donations. Elles sont provoquées par les causes les plus puissantes, au nombre desquelles il faut mettre, avec les aumônes, l'obligation des legs pieux imposée par l'Église aux mourants. Viennent ensuite les ventes, multipliées par suite des facilité de paiement que les donations, les legs, les aumônes mettaient à la disposition des églises ; les engagements enfin dont les conséquences dernières devaient toujours sortir finalement au profit de celle des deux parties qui avait les avantages d'une continuité assurée et d'une permanence en quelque sorte indéfinie. Rappelons encore pour mémoire les inféodations ; les possesseurs ecclésiastiques n'ayant hésité nulle part à entrer dans les pratiques du régime féodal.

Point n'est besoin de s'étendre ici en explications sur certains modes d'acquisition dont le mécanisme très simple ne réclame aucun éclaircissement ; les donations notamment et les ventes. Quant aux engagements, il en est d'une espèce particulière dont il faut dire deux mots à cause de l'importance qu'ils ont eue dans le régime économique des domaines ecclésiastiques, du VIIIe siècle au Xe. Nous voulons parler des *precariæ*.

Par la *precaria*, l'église donnait à un particulier sur sa demande une portion de son domaine en usufruit, moyennant paiement d'une redevance annuelle, d'un cens. La demande était la *precaria* proprement dite, la concession était une *commendatio* ou *prestatio*. La demande et la concession étaient les phases successives de l'opération. Quoique la seconde semble de beaucoup la plus essentielle, c'est la première qui a donné son nom à l'acte complet, à cause du caractère tout particulier qu'elle empruntait aux mœurs de ce temps. Ajoutons que, le plus souvent, la *precaria* était précédée d'une donation des biens qu'elle concernait; donation effectuée par celui même au profit duquel elle était faite. Expliquons cette singularité.

L'immunité avait créé d'immenses avantages, rapidement généralisés, en faveur des églises ou des personnages puissants *potentes laïci*, investis de ce privilège. Beaucoup d'hommes libres de moindre condition, auxquels il était impossible de les obtenir directement, purent en recueillir indirectement les profits, au moyen de la *precaria*. Les terres du privilégié données par lui en usufruit conservant dans cette situation les avantages du privilège, les possesseurs furent par là induits à donner aux privilégiés, aux églises notamment, leurs propres terres en leur demandant simultanément de les reprendre en usufruit. Telle est la cause, tel est le mécanisme de la *precaria*. La pratique en est antérieure à l'usage qui en est fait ainsi.

Précédemment, les églises donnaient déjà des portions de leur domaine en usufruit à des hommes qui réclamaient cette faveur. Les formules anciennes fournissent des spécimens d'actes de ce genre (1). Elles contiennent aussi des exemples de concessions analogues faites par des grands, par des laïcs puissants *potentes laïci* (2). Dans certains cas, les

-----

(1) Rozière *Formules* n^{os} CCCXIX, CCCXX, CCCXXI, CCCXXII, CCCXXIII, CCCXXVI. CCCXXVII, CCCXXIX.

(2) *Ibid* n^{os}CCCXXIV, CCCXXV,

possesseurs, comme nous venons de le dire, reprenaient ainsi des églises leurs propres biens préalablement vendus par eux à ces églises (1), plus souvent, et telle est la condition ordinaire des *precariae*, après les leurs avoir donnés (2). Il y a des exemples, avons-nous dit, de donations faites dans des conditions analogues à des laïcs puissants, *viri potentes* (3). Les principales conditions de ces tenures en usufruit étaient le paiement d'un cens annuel, et l'interdiction d'aliéner, fût-ce en partie seulement, le bien livré ainsi. Dans quelques cas, la tenure devait passer sous les mêmes conditions aux héritiers de celui qui la reprenait (4) ; le plus souvent la jouissance était bornée à la durée de la vie du bénéficiaire.

Ces *precariæ* sont très nombreuses, du VIIIe siècle au Xe surtout. Elles assuraient à ceux qui avaient recours à cette procédure le double avantage des mérites d'abord qu'on se créait par des libéralités envers les églises, et de la sécurité ensuite qu'on obtenait en devenant leur client. On ne peut se dispenser de tenir compte des faits de ce genre dans l'appréciation des causes du développement pris par les domaines ecclésiastiques.

Ce mode d'accroissement cependant ne pouvait avoir de réelle valeur, il faut bien le reconnaître, que par la fréquence des cas où il se produisait ; et il appartient exclusivement aux époques les plus anciennes. Ce n'est pas ainsi qu'ont été acquis ordinairement les grands territoires qui plus tard ont contribué à constituer de véritables États au profit de certaines Églises. Il fallait pour cela l'accession à leur domaine de pièces considérables, celle de villes et de provinces entières. Cette œuvre de la politique est venue à son heure ; mais les donations, celles par la voie et dans la condition des *precariæ* notamment, ont eu leur importance, au point de

(1) *Ibid.* n^{os} CCCXXXII, CCCXLII, CCCXLIII, CCCXLIV, CCCXLIX.

(2) *Ibid.* n^{os} CCCXXVIII, CCCXXX, CCCXXXI, CCCXXXVI, CCCXXXVII, CCCXXXIX, CCCXL, CCCXLI, CCCXLV, CCCXLVI, CCCXLVII, CCCXLVIII, CCCL, CCCLI, CCCLII, CCCLIII, CCCLVII, CCCLIX, CCCLXI, CCCLXIV, CCCLXV, CCCLXVII.

(3) *Ibid.* n^o CCCLVI.

(4) *Ibid.* n^{os} CCCL, CCCLI, CCCLIII, CCCLIV.

départ du mouvement qui aboutit à la constitution des grands domaines ecclésiastiques, investis généralement du privilège de l'immunité. C'est là certainement, pour les premiers temps au moins, un des principes de leur agrandissement.

Par ces divers modes d'acquisition se développait naturellement, et c'est ce que nous nous proposons surtout de montrer en ce moment, une des conséquences précédemment signalées du régime initial de l'immunité, dont ces domaines jouissaient pour la plupart : l'extension des territoires défendus par le privilège ; celui-ci leur ayant été concédé originairement, nous l'avons dit, avec la clause formelle qu'il devait s'appliquer aux possessions futures aussi bien qu'aux possessions présentes du privilégié.

— § 20. —

Dans le développement du régime de l'immunité et de ses conséquences, l'étendue croissante des territoires qui entrent successivement sous ce régime est une particularité d'une grande importance, mais qu'il suffirait presque de signaler sans qu'il fût nécessaire d'y insister beaucoup. L'interprétation donnée à la concession des droits du fisc, *jus fisci*, est un fait non moins grave appartenant au même sujet, et plus fécond peut-être encore en résultats. Il offre matière à des observations plus complexes. Nous nous arrêterons davantage à ce qui le concerne.

Nous avons déjà reconnu ce que devaient être, dans l'esprit des concessions originaires, les droits du fisc, *jus fisci*. Ce n'était vraisemblablement rien de plus en principe que les produits de la justice, *freda*, et ceux de l'impôt, *tributa*, dont la levée était interdite par le privilège aux officiers publics, *judices publici*, sur les terres de l'immunité [§ 18]. Tout au plus pouvait-on, par une large interprétation, étendre les produits de la justice, *freda*, des amendes aux confiscations et aux déshérences. Les produits de l'impôt, *tributa*, se grossissaient plus naturellement de ceux des *telonea*, des *publicæ functiones*, etc. Dans les développements ultérieurs de l'immunité, les conséquences tirées de la concession de ces droits prennent graduellement une grande valeur.

Pour ce qui est des *freda*, nous venons de dire ce qu'on pouvait à la rigueur entendre sous ce nom. C'est assurément une chose fort inattendue que de voir y rattacher, au XIIIe siècle, comme nous l'avons déjà dit [§ 18] et comme nous le rappellerons tout à l'heure, des droits de juridiction ; la jouissance des droits du fisc, *jus fisci*, dont les *freda* faisaient nécessairement partie étant considérée ·alors comme une preuve de la concession des droits de haute et de basse justice.

Quant aux *tributa*, on en vint sans grande difficulté à déduire de leur possession le droit d'opérer les levées et perceptions les plus variées. Il y a lieu de penser que la prétention plus ou moins légitime à la jouissance de ces sources de revenu n'a eu souvent d'autre fondement que l'interprétation arbitraire et abusive de la concession originaire. Dans bien des cas cependant les développements donnés à celle-ci ont été expressément formulés dans des chartes ultérieures de confirmation ou de constitution même du privilège. Nous avons précédemment déjà relaté succinctement ces faits, en mentionnant les principaux impôts énumérés dans les chartes d'immunité du *Gallia christiana* [§ 9]. A cette nomenclature nous ajouterons maintenant quelques renseignements un peu plus détaillés sur le même sujet. Le dépouillement des 196 diplômes empruntés au *Gallia christiana* nous permet d'y signaler, à ce point de vue, les *publicæ functiones* dans 12 titres de 496 à 1052 et 1473 ; les *telonea* dans 27 titres de 638 à 1169 ; le *rotaticum* dans 7 titres de 673 à 980 ; les *tributa* dans 34 titres de 761 à 1201 ; les *inferendæ* dans 4 titres de 770 à 900 ; les *conjecti* dans 5 titres de 775 à 947 ; le *pulveraticum* dans 4 titres de 800 à 980 ; le *foraticum* dans 3 titres de 800 à 980 ; le *census* dans 7 titres de 841 à 1173 ; le *portaticum* dans 5 titres de 844 à 1123 ; l'*obsequium* dans 3 titres de 859 à 880 ; le *pontaticum* dans 4 titres de 864 à 1123 ; le *cespaticum* dans 3 titres de 864 à 900 ; le *bannum* dans 11 titres de 920 à 1200 ; les *angariæ* dans 3 titres de 950 à 1197 ; les *leges* (facere) dans 3 titres de 974 à 980 ; les *exactiones* dans 15 titres de 985 à 1208 ; les *consuetudines* dans 8 titres de 1027 à 1146 ; les *justiciæ* dans 7 titres de 1066 à 1208 ; les *talliæ* dans 2 titres de 1128 à 1169 ; les *inquietudines* dans 2 titres de 1135 à 1137 ; les *servitia* dans 3 titres de 1135 à 1145 ; les *questœ, tollœ, albergæ* dans 3 titres de 1135 à 1208 (1).

Comme précédemment [§ 9], nous rangeons ici les termes de cette énumération dans l'ordre chronologique où les faits nous sont révélés pour la première fois d'après la teneur des documents que nous avons consultés. Cet arrangement n'a du reste qu'une valeur approximative, en raison du nombre un peu restreint de ces documents.

Les développements donnés à la jouissance des *freda* et des *tributa*, dans les termes que nous venons de signaler, montrent quelle importance a pu prendre à ce double point de vue la concession des droits du fisc, *jus fisci*, où les *freda* et les *tributa* étaient, avons-nous dit, compris. Mais là ne se bornent pas les conséquences qu'on a fait sortir de cette concession. Elle a souvent abouti, comme nous l'avons annoncé [§ 18], à une prise de possession de territoires. La main-mise sur ceux-ci paraissait autorisée par le droit qu'on prétendait avoir, en vertu de la possession du *jus fisci*, d'y jouir à ce titre des *regalia jura;* et cette prétention n'était pas sans quelque apparence de fondement.

Les droits du fisc, *jus fisci*, c'était là, en effet, une formule élastique et peu précise qui pouvait comprendre tous les droits utiles de la souveraineté, *rega ia jura*. On ne manqua pas de l'interpréter ainsi. Voici un texte formel qui en dépose :

— 1165. « Ego Ludovicus dei gratia Francorum rex » (Narbonnenti ecclesiæ).... quidquid *jus fisci*... exigere » poterat, hoc est omnia *regalia jura.....* concedimus » — Gall. christ. t. VI, Instrum., p. 44. [§ 2, table nº 161].

Cette interprétation était grandement favorisée par le fait

<hr>

(1) Les titres d'où sont extraites ces indications sont tous rapportés dans la table que nous avons donnée des documents empruntés pour notre travail au *Gallia christiana* [§ 2]. Nous ne jugeons pas nécessaire d'ajouter ici à la mention que nous en faisons le renvoi détaillé à ces titres, comme nous l'avons fait précédemment pour d'autres sujets, dans la première partie notamment du présent travail.

de la concession, formellement exprimée dans quelques diplômes, des *regalia jura* en général, et particulièrement de certains droits, *palatium, moneta, mercatum, minariæ, salinæ,* etc., dont la jouissance était généralement considérée comme un des attributs de la souveraineté, lesquels appartenaient en effet à ces *regalia jura.* Faisant un pas de plus on gagna encore du terrain, et on alla jusqu'à ce point de conclure de la possession des *regalia jura* à celle de la souveraineté elle-même. Les preuves abondent de cette usurpation de fait, dans l'histoire.

Sans pousser toujours jusque-là les hardiesses de l'induction, on abusa de plus d'une manière de celle-ci. On a de ces excès des témoignages de tout genre. Contentons-nous de citer comme exemple ce fait déjà mentionné plus haut que, au XIIIe siècle, se fondant sur la considération que la perception des fruits de la justice était un des droits du fisc, on concluait de l'existence de toute charte d'immunité portant concession de ces droits du fisc, à la concession de la juridiction elle-même [§ 18], et à la possession de la haute et basse justice par le privilégié ou son représentant. Cet abus est signalé dans ces termes par M. Boutaric, à propos d'une cause dont nous avons parlé précédemment [§ 7], et qui fut jugée dans ce sens en 1275, en faveur de l'abbaye de Saint-Maur-des-Fossés, par le prévôt de Paris: « visis cartis ecclesie de duobus regibus, in » quibus continebatur quod quidquid fiscus sperare aut exigere » poteret de rebus ecclesie, totum dicte ecclesie dabant et » concedebant » (1).

Remarquons en passant qu'en prétendant à tort tirer du privilège d'immunité la concession du droit de justice, c'est dans l'abandon des droits du fisc que le légiste du XIIIe siècle croit la trouver, et non, comme l'ont voulu certains critiques, dans l'interdiction au *judex publicus* de tenir ses plaids, *ad causas audiendas,* sur le territoire de l'Immunité. Nous avons fait observer précédemment que telle en effet n'était pas la signification de cette dernière disposition [§ 8].

Les expressions générales *jus fisci, regalia jura* ne sont du reste pas les seules sur lesquelles s'exercent le travail d'inter-

---

(1) Boutaric. *Le régime féodal.* — *Revue des questions historiques,* 1875, t. XVIII, page 375.

prétation et les efforts de l'induction. Les diplômes en offrent
d'autres encore à ces spéculations. La concession ou la confirmation des *regalia jura* étaient effectivement exprimées parfois comme s'appliquant à tels ou tels territoires compris dans
les domaines des églises, ou qui même sans y être précisément
compris s'y rattachaient à divers titres. Ainsi s'introduisent
dans les diplômes de concession ou de confirmation des *regalia jura*, les expressious *comitatus*, *centena*, *civitas*, avec
la mention soit générale soit spécifiée de ces *regalia jura* ;
mais quelquefois aussi plus brièvement, en omettant cette mention, et dans les termes de la concession ou confirmation
d'un *comitatus*, d'une *centena*, ou d'une *civitas*, pour y jouir,
cela est sous-entendu, de ces droits. Ces expressions sont
par la suite, comme celle de *regalia jura*, l'objet d'interprétations auxquelles, il faut le reconnaître, elles se prêtent assez
naturellement. Elles sont en conséquence entendues souvent
comme impliquant l'abandon des territoires eux mêmes, au
lieu de celui seulement de certains droits utiles à y percevoir;
et l'on en vient ainsi à fonder sur ces locutions *comitatus*,
centena, *civitas*, employées de cette manière, des prétentions
à une possession de territoire, de même qu'on fonde sur la
locution *regalia jura*, dans des cas analogues, des prétentions
à la souveraineté ; ainsi que nous l'avons dit tout à l'heure.

Nous venons de signaler, jusqu'à leur terme extrême, les déductions tirées de la possession des droits du fisc, *jus fisci*, dont la
concession accompagne plus ou moins explicitement celle de
l'immunité, et d'où l'on en vint jusqu'à conclure à la possession
de la souveraineté elle-même. Rien n'était plus contraire cependant à l'esprit de la concession originaire du privilège ;
nous l'avons déjà fait remarquer, en mentionnant la clause
des chartes de concession où est stipulée la réserve *sed imperio
parere* [§ 14]. Cette réserve est exprimée notamment dans 23
diplômes compris entre les dates 814 et 1238, parmi ceux que
nous a fournis le *Gallia christiana*. Elle y est formulée de diverses manières: *nostro parere imperio* de 814 a 1052; *parere
nostræ jussioni* de 843 à 1157; *nobis fideliter deservire* en 889 ;
salva nostra reverentia en 985; *salva regia auctoritate* de 1156
à 1208; *salva imperiali justitia* de 1157 à 1214; *salvo imperiali jure* de 1178 à 1238. Ces locutions sont évidemment

équivalentes. La réserve essentielle des droits du souverain à laquelle il faut les rapporter est si naturelle qu'on ne doit pas douter qu'elle ne soit sous-entendue, comme nous l'avons fait observer, dans les chartes d'immunité où elle n'est pas formellement exprimée.

Nous avons montré ce qu'était devenue, dans les développements ultérieurs du régime de l'immunité, la concession du *jus fisci*, faite originairement sous la condition expresse du maintien de la supériorité du souverain. On en avait fait souvent sortir d'une manière plus ou moins formelle la concession, effectivement accordée en certains cas, des *regalia jura* dans le *comitatus*, dans la *centena*, ou dans la *civitas* ; conséquences aggravées parfois, nous l'avons dit également, par la prétention, souvent aussi couronnée de succès, de transformer, malgré les réserves originaires, la jouissance des droits utiles indiqués dans ces termes, en celle des droits euxmêmes de la souveraineté, avec la possession des territoires que ces locutions pouvaient à la rigueur impliquer aussi et qu'elles expriment en effet quelquefois.

L'importance de ces faits réclame une étude toute particulière des documents qui s'y rapportent. Nous avons relevé parmi les pièces du *Gallia christiana* la concession ou confirmation des *regalia jura* dans 14 titres de 1147 à 1214 ; celles du *comitatus*, dans 40 titres de 842 à 1262 ; celles de la *centena*, dans 2 titres de 1108 et 1124 ; celles de la *civitas*, dans 15 titres de 627 à 1238. Nous allons examiner ces documents pour nous rendre compte de leur signification vraie, à ce point de vue. La plupart de ces titres font partie des 196 pièces relatives à l'immunité dont nous avons donné la table précédemment [§ 2]. Quelques-uns cependant ne se trouvent pas dans cette table. Celle-ci, en effet, comprend surtout les pièces du *Gallia christiana* relatives à l'immunité proprement dite, dans sa forme originaire, objet de la première partie de notre travail ; et si nous y avons admis avec ces pièces un certain nombre de documents encore qui se rapportent plutôt aux conséquences et développements ultérieurs du régime de l'immunité, développements dont nous faisons maintenant l'étude, c'est comme spécimens de ces particularités, et parceque ces documents contiennent en même temps des notions et indi-

cations dont nous avions à tenir compte dans cette première
partie de notre mémoire [§1, note]. Au point où nous en sommes du sujet que nous étudions, ayant maintenant à considérer
surtout les développements ultérieurs de l'immunité primitive, nous reviendrons à ces documents signalés au nombre
de 58 dans la table en question des titres fournis par le
Gallia christiana (1), auxquels nous aurons à enjoindre
quelques-uns encore ayant la même origine et que nous
avions pu négliger jusqu'à présent, parcequ'ils s'éloignaient
plus que les autres du sujet traité dans la première partie
de notre travail, indépendamment d'un certain nombre de
documents du même genre encore, empruntés à d'autres
sources, qu'il convient de raprocher des premiers. C'est ce
que nous ferons pour la seconde partie de la présente étude
à laquelle nous sommes parvenus et plus encore pour la
troisième où nous entrerons ensuite (2).

— § 21 —

Les *regalia jura*, équivalent prétendait-on du *jus fisci*,
comme il est dit dans un titre de 1165 que nous avons cité
tout à l'heure [§ 20], sont parfois spécifiés, nous l'avons fait
observer, sous les dénominations de *palatium, moneta, merca-*
tum, minariæ, salinæ, etc., qui expriment des droits utiles impliquant la jouissance de revenus perçus en diverses circonstances : au palais, siège de la justice et de l'administration ; sur la fabrication des monnaies ; sur le commerce, dans
les marchés ; sur l'exploitation des mines et des salines, etc.
[§ 20]. Ces droits sont aussi désignés quelquefois d'une manière
abrégée par les mots *comitatus, centena, civitas*, qui se rap-

(1) Nous avons donné précédemment dans une note du § 1, l'indication des numéros sous lesquels ces documents, appartenant à deux
catégories l'une de 50 pièces l'autre de 8, figurent dans notre table des
diplômes tirés du *Gallia christiana* [§ 2].

(2) Les diplômes du *Gallia christiana* au nombre de 45, que nous
avons ajoutés dans ces deux dernières parties de notre travail à ceux qui
figurent dans notre table [§ 2] sont mentionnés ici aux §§ 22, 24, 32, 33.
Les diplômes étrangers au *Gallia christiana* que nous avons cités encore
avec ceux-là sont mentionnés au nombre de 30 dans les §§ 23 et 34.

portent aux circonscriptions territoriales où ils devaient s'exercer (1).

La concession des *regalia jura* se trouve, avons-nous dit, mentionnée dans 14 titres, de 1147 à 1214, parmi les preuves du *Gallia christiana* [§ 20]. Voici des extraits de ces documents :

1. — 1147. Conradus rex, Ebredunensi ecclesiæ : « Ebre-
» dunensis urbis nostra regalia concedimus, justicias, mone-
» tam, pedaticum. utraque strata telluris et fluminis. » —
Gall. christ., Instrum. III, 179 [§ 2, table n° 148].

2. — 1147. Conradus rex, Vivariensi ecclesiæ : « Nostra
» regalia concedimus, monetam, pedaticum, utraque strata
» telluris et fluminis Rhodani. » — Ibid. XVI, 224 [§ 2, table
n° 149.

3. — 1149. Sugerius abb., Carnotensi episcopo : « In pa-
» latio statutus, regi a (ac ?) regno fidelitatem faciat, et sic de-
» mum regalia recipiat. » — Ibid. VIII, 332 [§ 2, table
n° 150].

4. — 1157. Fridericus imp., Lugdunensi archiepiscopo :
« De omnibus regalibus infra vel extra civitatem, per totum
» archiepiscopatum constitutis quæ... visa est habere Lug-
» dunensis ecclesia plenarie eum investivimus. » — Ibid. IV,
17 [§ 2, table n° 158].

5. — 1165. Ludovicus rex, Narbonnensi ecclesiæ : « Et
» quicquid jus fisci exinde in omnibus præfatis exigere po-
» terat, hoc est omnia regalia jura... concedimus. » — Ibid.
VI, 44 [§ 2, table n° 161].

6. — 1167. Isoardus comes, Diensi episcopo : « Consue-
» tudines vel jura sive regalia sive sacerdotalia ...quas tu vel
» ecclesia tua... habetis... non auferam nec auferri permit-
» tam. » — Ibid. XVI, 188 [§ 2, table n° 163].

7. — 1175. Fridericus imp., Bellicensi ecclesiæ : « Omnia
» civitatis regalia videlicet monetam, telonium, pedagium,
» ripaticum, aquaticum, pascua, piscationes, venationes,
» silvas, stirpaticum et omnem districtum et jurisdictionem

---

(1) Nous avons occasion de citer plus loin [§ 32 n° 33] un texte de 1155 où se trouvent énoncés quelques-uns de ces droits, sous les dénominations de *justitiæ, moneta, teloneum, comitatus.*

» civitatis et suarum possessionum... concessimus. » — Ibid.
XV, 313 [§ 2, table n° 168].

8. — 1177. Fridericus imp., Vivariensi ecclesiæ : « Con-
» firmamus omnia jura, privilegia, et universa regalia... pos-
» sessiones... scilicet monetam, pedaticum, utramque stra-
» tam telluris... et Rhodani, et quæcumque alia regalia ad
» eamdem pertinentia. » — Ibid. XVI, 225 [§ 2, table n° 169].

9. — 1184. Lucius papa, Maurianensi ecclesiæ : « Statuit
» (rex Guntramnus) ut omne jus regale in toto territorio vil-
» larum S. Andreæ et Argentinæ episcopi Maurianenses obti-
» neant... quod confirmamus. » — Ibid. XVI, 298 [§ 2, table
n° 175].

10. — 1206. Philippus rex, Autissiodorensi ecclesiæ :
« Concedimus... ecclesiæ Autissiodorensi quicquid juris ha-
» bebamus in regalibus Autissiodorensibus, vacante sede. »
— Ibid. XII, 147 [§ 2, table n° 179].

11. — 1209. Philippus rex, Matisconensi ecclesiæ: « In per-
» petuum quittamus quicquid juris in regalibus sedis Matis-
» conensis habebamus.. Et debent habere (episcopi) exercitum
» in prædictis regalibus... Concedimus etiam, vacante sede,
» quod regalia sint in manu decani et capituli. » — Ibid. IV,
288 [§ 2, table n° 181].

12. — 1210. Philippus rex, Leutevensi ecclesiæ: « Concessi-
» mus.. stratas, novas fortias,.. jus faciendi monetam,.. facul-
» tatem exigendi fidelitates regi debitas, et potestatem judicia-
» riam omnium causarum,.. earumdem executionem,.. mi-
» narias,.. quæ... regii juris esse noscuntur. Item... regalia
» totius episcopatus. » — Ibid. VI, 284 [§ 2, table n° 182].

13. — 1214. Fridericus rex, Viennensi ecclesiæ : « Con-
» cedimus ut archiepiscopus Viennensis regalia in diœcesi
» sua, commune etiam forum agentium et sustinentium cau-
» sas tam civiliter quam criminaliter in regno dicto teneat. »
— Ibid. XVI, 45 [§ 2, table n° 183].

14. — 1214. Fridericus rex, Vivariensi ecclesiæ : « Confir-
» mamus omnia jura, privilegia, et universa regalia,.. posses-
» siones,.. scilicet monetam, pedaticum, utramque stratam
» telluris... et Rhodani, et quæcumque alia regalia ad eam-
» dem pertinentia. » — Ibid. XVI, 237 [§ 2, table n° 184].

Les 14 textes qui précèdent justifient le rapprochement des

deux locutions *regalia jura* et *jus fisci*, et l'observation que l'une et l'autre représentent des droits fiscaux. Ces locutions se rapportent à la jouissance de revenus qui devaient appartenir originairement au trésor public, c'est-à-dire au souverain, et qui sont dans certains diplômes l'objet de concessions ou de confirmations accordées aux églises dans les conditions d'un abandon des *regalia jura*, comme l'était à titre de donation du *jus fisci* l'abandon de droits analogues dans les chartes d'immunité. La locution *regalia jura* ou *regalia* tout simplement figure seule dans six de ces textes (n°s 3, 4, 5, 6, 10, 11). Elle est accompagnée dans les autres de diverses expressions qui lui servent en quelque sorte de commentaire, dans le sens de l'interprétation que nous en faisons, savoir : *justicias*, produits de la justice et de l'impôt dans un de nos textes (n° 1) ; *moneta*, profits sur la fabrication des monnaies, dans six textes (n°s 1, 2, 7, 8, 12, 14) ; *pedaticum*, levées opérées à divers titres sur les choses (1), dans cinq textes (n°s 1, 2, 7, 8, 14) ; *strata telluris et fluminis*, péages sur les routes et sur les cours d'eau, dans cinq textes également (n°s 1, 2, 8, 12, 14). Il s'agit dans toutes ces formules de produits fiscaux et de revenus.

Nous omettons quelques autres indications du même genre, moins fréquemment reproduites dans ces textes. Il faut cependant signaler dans trois d'entre eux, de la fin du XIIe siècle et du commencement du XIIIe (n°s 7, 12, 13), la

---

(1) Le sens du mot *pedaticum* ou *pedagium*, correspondant au français *péage*, est un peu flottant. Il doit probablement s'éloigner ici, à ce qu'il semble, du sens propre du mot français *péage* auquel se rapporterait plutôt ce qui est exprimé par la locution *strata telluris et fluminis* des textes que nous citons. Dans le texte n° 7, *pedagium* est rapproché de *telonium* qui désigne un impôt sur les marchandises. *Pedaticum* pourrait avoir ici le même sens, sinon peut-être celui plutôt de tribut levé sur les terres ou même sur les biens mobiliers. Le glossaire de Du Cange fournit pour ce mot et pour les formes analogues un grand nombre de citations parmi lesquelles nous remarquons les suivantes : « Dedi nundinas duas et *pedagium* aliter *pedaticum* » (t. V. p. 170, 1). « *Pedaticum* de asinis nullatenus recipiatur » (t. V. p. 170, 1). « De suis rebus » propriis solvere teneantur *pedagium* » (t. V. p. 169, 2). « Vectigal sive » *pedatgium* terræ » (t. V. p. 171, 3). « Viæ *pedagiariæ*, in quibus *pe-* » *dagium* exigitur » (t. V. p. 169, 3). » Cheminus *pedagialis*, in quo » *pedagium* exigitur » (t. V. p. 169, 1).

mention formelle de la juridiction ; concession étrangère à
l'esprit du privilège originaire de l'immunité, mais que plus
tard on a souvent cherché à en tirer, ainsi que nous l'avons
dit [§ 18]. De pareilles entreprises étaient favorisées par le
fait qui se produit quelquefois de la concession formelle de
ce droit, comme on le voit notamment dans les trois textes
que nous venons de signaler : *omnem districtum et jurisdictionem civitatis et suarum possessionum* (1175) ; *potestatem
judiciariam omnium causarum* (*et*) *earumdem executionem*
(1210); *forum agentium et sustinentium causas tam civiliter
quam criminaliter* (1214).

A un autre point de vue il convient de faire observer
encore que parmi ces textes huit appartiennent à des actes
de concession (nº 1, 2, 5, 7, 10, 11, 12, 13) ; quatre à des
actes de confirmation (nᵒˢ 6, 8, 9, 14) ; deux à des actes d'investiture (nᵒˢ 3 et 4) concernant les droits de question.

— § 22. —

Nous venons de signaler la mention des *regalia jura* dans
des actes de concession, de confirmation, et d'investiture, où
cette mention est souvent accompagnée de développements
qui ne permettent pas de douter que ces expressions ne s'appliquent comme celles de *jus fisci* à des droits essentiellement
fiscaux. Nous avons dit que la jouissance de ces droits est
quelquefois exprimée par la désignation de la circonscription
territoriale où elle était accordée, *comitatus, centena, civitas* [§ 21]. Nous allons, pour justifier ces appréciations, examiner les textes où se rencontrent ces locutions : Nous en
avons trouvé dans le *Gallia christiana*, avons-nous dit [§ 20],
40 compris entre les dates de 842 à 1262, qui concernent le
Comitatus. En voici des extraits :

1. — 842. Carolus rex, Curbionensi mon. (dioces. Blesensis):
« Placuit fiscum nostrum... P . . . cum... exactione quæ de
» ponte... loci, partibus fisci seu partibus comitatis exiguntur,
» à jure nostro in domum eorum transferendum. » — Gall.
christ. Instrum., VIII, 411. [§ 2 table nº 46].

2. — 843. Carolus rex, Narbonnensi ecclesiæ : « Concedi-

» mus... quicquid... comes... civitatis exigit... in omni-
» bus medietatem ...» — Ibid. VI, 4. [§ 2, table n° 48].

3. — v. 846. Pippinus rex, Sancti Theofridi sive Calmilii,
mon. (dioces. Aniciensis): « Sed quidquid fiscus noster vel
» comes habere poterat... ecclesiæ concedimus. » — Ibid.
II, 257. [§ 2, table n° 57].

4. — 848. Carolus rex, Agathensi ecclesiæ : « Donamus
» etiam... in comitatu pulveraticum, pascuarium, piscati-
» cum .. volatiliaticum, salinaticum, thelonei mercatum, ter-
» tiam partem in omnibus habendam. » — Ibid. VI, 312.
[§ 2, table n° 58].

5. — 862. Carolus rex, Vivariensi ecclesiæ: «Gerardus illus-
» tris comes... res quasdam Vivariensi ecclesiæ ad comitatum
» pertinentes... sicut ad comitatum tenebatur (dedit). (Hoc)
» confirmamus. » — Ibid. XVI, 220.

6. — 888. Odo rex, Narbonnensi ecclesiæ : « Concedimus
» medietatem salinarum, thelonei, portatici, et rafitæ, atque
» pascuarii seu thasses naufragiorum... tam in Narbonnensi
» quam in Redensi comitatu undecunque comes vel ejus mis-
» sus receperit... exactionem. » — Ibid. VI, 10. [§ 2, table
n° 78].

7. — 889. Odo rex, Lingonensi ecclesiæ : « Castrum Torno-
» trense, caput videlicet comitatus... confirmamus. » —
Ibid. IV, 135. [§ 2, table n° 79].

8. — v. 900. Carolus rex, Eduensi ecclesiæ : « Monetam
» quam in præfata urbe comitalis potestas dominabatur, per
» consensum... comitis... ecclesiæ restituendo restaura-
» mus. » — Ibid. IV, 66.

9. — 985. Otto rex, Leodiensi ecclesiæ: « (Petente episcopo),
» ut... comitatum Hoyensem qui in nostra ditione hactenus
» erat, quemque Auffridus comes, illustris vir, qui illum ad præ-
» sens tenebat,... pro... episcopi amore reddiderat, perpetuo
» habendum concederemus. Et quia quod reliquum erat regiæ
» ditionis in moneta,.. telonio. reliquisque reditibus... ec-
» clesiæ... jam cesserat,.. ratum duximus... Concedimus
» quod reliquum Hoyensis comitatus in nostra ditione su-
» perfuerat. » — Ibid. III, 148. [§ 2, table n° 101].

10. — 996. Rodulphus rex, Tarentasiensi ecclesiæ : « Inte-

» grum conferimus comitatum. » — Ibid. XII, 377. [§ 2,
table n° 105].

11. — 1011. Rodulphus rex, Lausanensi ecclesiæ : « dona-
» mus... comitatum Waldensem, sicut antiquis terminatio-
» nibus est determinatus, cum omnibus pertinentiis in stopha-
» riis... exactionibus... omnibus usibus, et utilitatibus ». —
Ibid. XV, 136. [§ 2, table n° 108].

12. — 1015. Robertus rex, Bellovacensi ecclesiæ : « R. pon-
» tifex... imploravit dilectionem Odonis nostri... comitis,
» quatenus ea quæ sibi jam dederat in beneficio conferret suæ
» ecclesiæ... id est omnes exactiones ac redditus comitatus
» quem tenebat ex nostro beneficio in suburbio Belvacensis
» urbis et in villis extra ambitum civitatis constitutis,... præ-
» terea omnes exactiones et redditus et quidquid pertinebat
» ad comitatum in villis B. (etc.)..., medietatem... comitatus
» in villa S... (etc.), medietatem... comitatus et mercatum
» quod tenebat F. de castro q. dicitur G...Comes...annuens...
» Belvacensem adiit ecclesiam, eam que in conspectu... pas-
» toris sub testimonio totius cleri ac populi fecit heredem
» præscripti comitatus... Hanc..... notitiam.... manu pro-
» pria... corroboravimus. — Ibid. X, 243. [§ 2, table n° 109].

13. — 1023. Rodulphus rex, Viennensi ecclesiæ : « Viennen-
» sem comitatum cum... appendiciis suis... et quidquid
» nostro usui legis censura per manus ministrorum nostro-
» rum nunc usque solvebat... donamus. » — Ibid. XVI, 18.
[§ 2, table n° 111].

14. — 1040. Henricus rex Rom., Sancti Gisleni mon. (dioces. Cimerac.): « Omnem comitatum villæ B.. cum districtu
» et mercato, et... omni publica functione et utilitate, seu
» cum omnibus rebus mobilibus et immobilibus ad prædic-
» tum comitatum... pertinentibus, concilio et consensu Bal-
» duini ejusdem terræ comitis, suique militis Goswini viceco-
» mitis... concedimus. » — Ibid. III, 16. [§ 2, table n° 116].

15. — 1040. Henricus rex Rom., Leodiensi ecclesiæ : « Co-
» mitatum Haspinga... cum tali jure talique districto quale...
» (habuimus) in moneta vel telonio, imo cum ommi utilitate
» quæ... excogitari potest... (concedimus). » — Ibid. III,
150. [§ 2, table n° 117].

16. — 1074. Henricus rex Rom., Leodiensi ecclesiæ : « De-

» dimus M. B. M. V. (etc.).. cum comitatibus, beneficiis, advo-
» catiis, teloniis, monetis, forestibus, et omnibus appendi-
» ciis eorum » — Ibid. III, 151. [§ 2, table n° 121].

17. — 1080. Henricus rex Rom., Basileensi ecclesiæ :
« Quemdam comitatum Harikingen in pago Bubsgowe situm
» cum omnibus appenditiis comitatus... tradimus.. ad utilita-
» tem ecclesiæ ». — Ibid. XV, 197. [§ 2. table n° 123].

18. — 1085. Petrus comes Melgoriensis, Romanæ ecclesiæ :
« Me ipsum et omnem honorem meum tam comitatum Sus-
» tantionensem quam episcopatum Magalonensem, omnem
» que honorem eidem episcopatui appendentem, sicut ego et
» antecessores mei comites hactenus...tenuimus in allodium,..
» dono.... Ego autem prædictum comitatum habeam per
» manum Romani pontificis, sub illius fidelitate, et sin-
» gulis annis pro censu persolvam unciam auri. — Ibid.VI,349.
[§ 2, table n° 124].

19. — 1087. Robertus marchio Flandr., Trunchinensi mon.
(dioces. Gandav.) : « Condonans quicquid comitatus et advo-
» cationis et redditus... in... possessionibus præfatæ eccle-
» siæ habebam — Ibid. V, 325. [§ 2, table n° 125].

20. — v. 1096. Walterius Cabilonensis episcopus : « Con-
» ventionem...cum Saverico Cabilonensi comite habuimus..
» partem mediam comitatus Cabilonensis... in vadio... (pro
» pecunia quadam)... recepimus, ea... ratione, ut ecclesia...
» reddituum... medietatem in pace possideat infra istas ter-
» minationes... (etc.).. Ipse etiam Savericus exactiones omnes
» ac consuetudines justas vel injustas quas se dicebat habere
» in villa s. I.. et in G... ex toto werpivit et condonavit... » —
Ibid. IV, 232. [§ 2, table n° 127].

21. — 1100. Guido comes Monsteroli et Pontivensium, sancti
Judoci mon. (dioces. Ambian.) : «... Contuli.. comitatum
» à mari usque prope Montawis... et arietes de ipso comitatu
» qui ad me pertinebant. » — Ibid. X, 295. [§ 2. table n° 129].

22. — 1123. Carolus Flandr. comes, Nonenbosch mon.
(dioces. Iprens.): «... Terram circa... ecclesiam jacentem XII
» bunarum, cum comitatu et cum universis quæ mei juris
» erant... in perpetuum... dedi. » — Ibid. V, 375. [§ 2, table
n° 134].

23. — 1146. Conradus rex, Cameracensi ecclesiæ : « Jura

» et honorem Cameracensis ecclesiæ roborantes... sedi
» Cameracensi... assignavimus... comitatum totius terræ
» Cameracensis — Ibid. III, 2. [§ 2, table nº 147].

24. — 1150. Eugenius papa, Bellovacensi ecclesiæ : « Pos-
« sessiones.., præterea... civilatem, comitatum, theloneum,
» foragium,.. quicquid insuper libertatis seu immunitatis
» vel juris possessionis ab... Francorum regibus vel aliis prin-
» cipibus... ecclesiæ... concessum est... confirmamus. » —
Ibid. X, 259. [§ 2, table nº 151].

25. — 1154. Anastasius papa, Monsterolensi mon. (dioces.
Ambian.): « Comitatum in tota terra vestra inter Quantiam et
» Alteiam et ultra Alteiam, sicut vobis comes Wido concessit,
» confirmamus. » — Ibid. X, 314. [§ 2, table nº 152].

26. — 1155. Fridericus imp., Leodiensi ecclesiæ: « (bona
» omnia confirmamus)... cum advocatiis, comitatibus, justi-
» ciis, teloneis, appendiciis. » — Ibid. III, 153. [§ 2, table, nº
153].

27. — 1156. Fridericus imp., Virdunensi ecclesiæ: « Bene-
» ficium... comitatus et marchiæ quod... Otho imperator...
» Heimoni Virdunensi episcopo et successoribus ejus.... do-
» navit... confirmamus... ; ut liberam habeatis potestatem...
» comitatum in usus· ecclesiæ tenendi ; comitem eligendi,
» absque ullo hereditario jure ponendi.... Bannum, teloneum,
» monetam, et districtum civitatis, in omnibus causis crimi-
» nalibus et civilibus, pleno jure tibi et successoribus... con-
» cedimus. » — Ibid. XIII, 573. [§ 2, table nº 157].

28. — 1157. Fridericus imp. Lugdunensi ecclesiæ: « E. ar-
» chiepiscopum... de omnibus regalibus... per totum archi-
» episcopatum constitutis, quæ... visa est habere Lugdunensis
» ecclesia plenarie... investivimus .. (cum).... comitatibus,
» foris, duellis, mercatis, monetis, naulis, teloneis, pedagiis,
» (etc.)... et omnibus... rebus quæ in Lugdunensi episco-
» patu ad imperium pertinent. » — Ibid. IV, 17. [§ 2, table
nº 158].

29. — 1157. Fridericus imp., Valentinensi ecclesiæ: « (Epis-
» copum)... de omnibus regalibus et... possessionibus... eccle-
» siæ... investivimus. Concessimus itaque civitatem... et
» quidquid infra ambitum ejus continetur vel extra, comita-
» tum videlicet,... forum, mercatum, duella, monetam,

» naulos, thelonea, pedagia... » — Ibid. XVI, 103. [§ 2, table
n° 160].

30.— 1173. Ludovicus rex, Agathensi ecclesiæ: « Donamus..
» in comitatu pulveraticum, pascuarium, piscaticum (etc)... »
— Ibid. VI, 326. [§ 2, table n° 165].

31. — 1178. Hugo dux Burgund., Lingonensi ecclesiæ:
« Comitatum Lingonensem quem à G... per commutationem
» accepi, ecclesiæ Lingon... in eleemosinam dedi... in perpe-
» tuum. » — Ibid. IV, 187. [§ 2, table n° 170].

32. — 1179. Henricus comes Barri, Lingonensi ecclesiæ:
« Comitatum Lingonensem quem ab Hugone duce Burgun-
» diæ in 'eodum recepi... Lingonensi ecclesiæ... dedi... et
» eum in manu (episcopi) guerpivi. » — Ibid. IV. 188.
[§ 2, table n° 172].

33. — 1180. Fridericus imp., Coloniensi ecclesiæ: « (Ducatus
» Westphal. et Angar.)...partem quæ in episcopatum Colonien-
» sem et.... Patherburnensem episcopatum protendebatur,
» cum omni jure et jurisdictione, videlicet cum comitatibus
» et advocatiis... (etc.), ecclesiæ Coloniensi... contulimus. »
— Ibid. III, 135. [§ 2, table n° 174].

34. — 1187. Bernardus Ato Agathensis vicecomes, Agathensi ecclesiæ : « Dono meipsum pro canonico... cum
» omnibus quæ habeo in toto episcopatu Agathensi, scilicet
» Agathensem civitatem. . et omnes dominationes totius vice-
» comitatus... » — Ibid. VI, 329. [§ 2, table n° 175].

35. — 1187. Raimundus dux Narbon. comes Tholosæ
Agathensi ecclesiæ:. « Concedimus... vicecomitatum seu
» comitatum Agathensem... (et) licentiam adgredi dictum
» honorem et in proprium jus redigendi... Actiones... et
» jura... cedimus quæ nobis competunt.. adversus Bernardum
» Atonem, nomine vicecomitatus seu comitatus Agathensis. »
— Ibid. VI, 330.

36. — 1187. Bernardus Ato, Agathensis vicecomes, Agathensi ecclesiæ: « Concedo... vicecomitatum seu comitatum
» Agathensem... cum dominio et potestate. » — Ibid. VI, 331.

37. — 1203. Florentius abbas sancti Judoci abbatiæ (dioces.
Ambian): « (Comes Monsteroli et Pontivi concedit)... liberta-
» tes ecclesiæ et consuetudines... Ecclesia per totum feodum
» habet suum comitatum... Comes... per totum comitatum..

» ecclesiæ debet habere assultum et murdrum etc. » — Ibid.
X, 335.

38. — Nov. 1261. Ferris duc de Lorr. à Gilon évêque de
Toul : « J'ai... vendu à... seigneur Gilon... évesque de Toul
» lou comté de Toul que j'avais acheté à Odon comte de
» Toul, et tout ce que j'avois de droit au devant dit comté. »
— Ibid. XIII, 528.

39. — Déc. 1261. Giles, évêq. de Toul : « Nous avons par
» commun conseus ordonné... que le comté de Toul que
» nous... avons aquesté demeure perpétuellement au do-
». maine de l'évêché de Toul. » — Ibid. XIII, 528.

40. — Janv. 1261 (1262 n. s.). Odes sire de Fontenois dit
queins de Toul : « Je le marchié que li... duc de Lorraine...
» ait faicte à seigneur Gilon... évesque de Toul... dou comté
» de Toul que le... duc avoit acheté à moy... promet par mon
» serment que je jamais n'en venray encontre... » — Ibid.
XIII, 529. [§ 2, table n° 187].

Dans la plupart de ces textes, le mot *comitatus* doit évidemment s'entendre de droits fiscaux à percevoir dans l'étendue
du comté, ou bien sous l'autorité et par le ministère du
comte ; et c'est généralement de la concession de ces droits
fiscaux qu'il s'agit pour une part au moins dans les diplômes
d'où ils sont tirés. Cette appréciation est fondée sur le rapprochement de ce mot *comitatus* et de certaines locutions
ayant la signification que nous venons d'indiquer, qu'on relève en même temps dans les textes en question ; ainsi, *comitatus* et *fiscus*, dans deux de ces textes (n°s 1, 3) ; *comitatus* et *regalia*, dans deux autres (n°s 28 et 29) ; *comitatus* et
moneta, teloneum, exactiones, reditus, usus, etc., dans vingt-
deux d'entre eux (n°s 4, 5, 6, 8, 9, 11, 12, 14, 15, 16, 19, 20,
22, 23, 24, 25, 26, 27, 30, 33, 34, 37).

Le *comitatus* présenté dans ces termes n'est pas le comté
territoire, mais l'ensemble de divers droits qui devaient y être
perçus et qui y sont comme attachés. Ainsi s'expliquent certaines formules que nous rencontrons encore dans nos textes :
comitatus terræ (n° 23) ; *comitatus in terra* (n° 25) ; *comitatus
villæ* (n° 14) ; *comitatus per totum feodum* (n° 37) ; *terra cum
comitatu* (n° 22).

D'après ces données, s'expliquent dans le même sens les

locutions *comitatus* (nᵒˢ 19, 26, 33) ; *appenditia comitatus* (nᵒ 17) ; *res ad comitatum pertinentes* (nᵒ 5) ; *comitalia beneficia* (nᵒ 16) ; *comitatus in usus ecclesiæ* (nᵒ 27).

Dans certains cas, il peut y avoir doute entre cette interprétation du mot *comitatus*, entendu comme exprimant des droits fiscaux, et celle où il se rapporterait au territoire même. Cette incertitude est possible surtout quand le mot *comitatus* n'est accompagné d'aucune expression accessoire, ainsi que nous l'observons dans treize de nos textes (nᵒˢ 7, 10, 13, 17, 18, 21, 31, 32, 35, 36, 38, 39, 40). La mention simultanée de limites territoriales, comme dans les textes nᵒˢ 11 et 25, n'est pas une particularité déterminante pour résoudre en pareil cas l'ambiguité, parce que l'on peut désigner ainsi les limites en dedans desquelles doivent s'exercer les droits fiscaux en question, aussi bien que celles d'un district territorial. Le mot *comitatus* isolé peut avoir quelquefois ce dernier sens, c'est-à-dire exprimer l'idée d'un territoire proprement dit; mais dans beaucoup de cas, il n'en est certainement pas ainsi.

Nous signalerons encore, dans trois de nos textes (nᵒˢ 19, 26, 33), l'expression *advocatiæ* ou *advocatio* qui, rapprochée de celle de *comitatus*, se rapporte vraisemblablement comme elle à des droits fiscaux ; et, accidentellement dans trois autres (nᵒˢ 34, 35, 36), le mot *vicecomitatus*, employé dans la même acception que *comitatus* et comme son équivalent, est-il dit, dans deux de ces textes (nᵒˢ 35, 36).

— § 23 —

Ce qui regarde la concession de la *centena*, se trouve, comme nous l'avons dit [§ 20], dans deux titres du *Gallia christiana*, auxquels nous pouvons en joindre un autre encore provenant d'une origine différente, ce qui porte à trois le nombre malheureusement bien restreint des documents à interroger sur cette question. Voici des extraits de ces trois titres :

1. — 1070. Henricus rex, Metensi ecclesiæ : « (Jura et » immunitatem confirm.) et quitquid de prefatæ rebus eccle-» siæ jus nostri exigere poterat... eidem concessimus eccle-» siæ... specialiter... de fredis, conjectis atque teloneis novali-

» bus, cœterisque... teloneis, et precipue de centaina quam
» Theutonici Cunnenduon (1) vocant, sicut eadem ecclesia
» temporibus pie memorie genitoris nostri Henrici impe-
» ratoris tenuisse, et nostris temporibus tenere dignóscitur...
» confirmamus. » — Hist. de Metz, III, preuves, 94 (2).

2. — 1108. Henricus rex Anglor., Sancti Petri sup. Divam.
monasterio (dioces. Sagiens.) : « Concedo... burgum et villam...
» totum que centenarium quod eidem villæ adjacet... (etc.)...
» Omnes istæ terræ... liberæ sunt et immunes... ab omnibus
» exactionibus et consuetudinibus. » — Gallia christ. Instrum. XI, 156. [§ 2, table n° 131].

3.— 1124. Henricus rex Anglor., Sancti Petri sup. Divam. monasterio (dioces. Sagiens.) : « Concedo... burgum et villam... to-
» tum que centenarium quod eidem villæ adjacet... quietum
» ab omnibus exactionibus et consuetudinibus secularibus. »
— Ibid. XI, 157. [§ 2, table n° 136].

Ces trois documents ne sauraient nous retenir longtemps,
après ce qui vient d'être dit de ceux qui concernent le *comitatus*. Les deux derniers (n°ˢ 2, 3), laissent peu de doute sur
la signification du mot *centenarium*, pour *centena*, qui pourrait exprimer dans ce cas l'idée d'un territoire plutôt que
celle de la jouissance de certains droits fiscaux sur ce territoire.
Il en est tout autrement du texte n° 1 où les mots *precipue
centaina*, après l'énumération de droits fiscaux qui les précède,
ne peuvent évidemment se rapporter qu'à un objet du même
genre, c'est-à-dire à la possession de droits utiles.

(1) Il faut vraisemblablement lire *cunnenduon*, pour *tungenthum* (?) ; mot
qui serait formé sur le radical *tungen*, d'où *tunginus vel centenarius* (cf.
Lex salica tit. XLVIII, c. 1 ; et tit. LXIII, c. 1). D'un autre côté la synonymie des termes *centurio* et *villicus*, établie par un texte de 1110 que
nous donnons plus loin [§ 34, n° 6], nous montre dans la *centena* ou *cunnenduon* du présent texte l'office même du *villicus* ou bien le territoire sur
lequel il s'exerçait, ou plutôt encore, et c'est à cette interprétation que
nous nous arrêtons, la jouissance des droits fiscaux dont la levée était
dans les attributions de cet office.

(2) La rareté des pièces mentionnant la *centena* dans la *Gallia christiana* est ce qui nous a engagé à joindre aux deux suivantes que nous lui
empruntons, celle-ci qui provient d'une autre source.

— § 24 —

Pour ce qui regarde la concession de la *civitas*, nous possédons, comme nous l'avons dit [§ 20], des textes fournis par 15 titres de 627 à 1238, dont voici les extraits :

1. — 627. Dagobertus rex, Wormatiensi ecclesiæ : « Res » juris nostri in pago Laudemburgensi et quicquid ad nos- » tram urbem ambulare (sic) visum est, et omne quod ad fis- » cum nostrum pertinebat, excepto stipe et comitatu,... tra- » dimus... hoc est... civitatem nostram Laudembourg, pala- » tium nostrum... theloneum, mercatum. » — Gall. christ., Instrum. V, 451. [§ 2, table n° 3].

2. — 843. Carolus rex, Narbonnensi ecclesiæ : « Concedi- » mus..., siculi... à predecessoribus nostris Pipino videlicet » rege... concessum est illi, medietatem totius civitatis cum » turribus et adjacentiis... et... quicquid... comes... civitatis » exigit... in omnibus medietatem. » — Ibid. VI, 4. [§ 2, table n° 48].

3. — 1146. Conradus rex, Cameracensi ecclesiæ : « Jura » et honorem Cameracensis ecclesiæ roborantes... sedi Came- » racensi... assignavimus... civitatem quæ Cameracus nun- » cupatur cum justitiis, districtibus, moneta... »— Ibid. III, 2.. [§ 2, table n° 147].

4. — 1147. Conradus rex, Ebredunensi ecclesiæ : « Ebre- » dunensis urbis nostra regalia concedimus, justicias, mone- » tam, pedaticum, utraque strata telluris et fluminis Duran- » tiæ. » — Ibid. III, 179. [§ 2, table n° 148].

5. — 1150. Eugenius papa, Bellovacensi ecclesiæ : «...Civi- » tatem, comitatum, theloneum, foragium, præposituram » ipsius civitatis, culturam... confirmamus. » — Ibid. X, 259. [§ 2, table n° 151].

6. — 1156. Fridericus imp., Virdunensi ecclesiæ : « Libe- » ram... habeatis potestatem... comitatum in usus ecclesiæ » tenendi... Bannum, teloneum, monetam et districtum civi- » tatis in omnibus causis criminalibus et civilibus... conce- » dimus. » — Ibid. XIII, 573. [§ 2, table n° 157].

7. — 1157. Fridericus imp., Lugdunensi ecclesiæ : « E. » archiepiscopum... de universo corpore civitatis Lugdunen-

» sis, et de omnibus regalibus intra vel extra civitatem per
» totum archiepiscopatum constitutis, quæ... visa est habere
» Lugdunensis ecclesia plenarie... investivimus. » — Ibid.
IV, 17. [§ 2, table n° 158].

8. — 1157. Fridericus imp. Valentinensi ecclesiæ : « De om-
» nibus regalibus et... possessionibus... eum (episcopum) in-
» vestivimus. Concessimus itaque... civitatem Valentinam et
» quicquid infra ambitum ejus continetur vel extra, comita-
» tum videlicet,.. forum, mercatum, duella, monetam, naulos,
» thelonea, pedagia... » — Ibid. XVI, 103. [§ 2, table no 160]

9. — 1165. Alexander papa, Diensi ecclesiæ : « Diensem
» videlicet civitatem, cum omnibus pertinentiis suis... (confir-
» mamus) » — Ibid.XVI, 186. [§ 2, table n° 162].

10. — 1167. Isoardus comes, Diensi ecclesiæ : « Civitatem
» Diam nec (non) possessiones ejus, consuetudines vel jura
» sive regalia, sive sacerdotalia... non auferam, nec auferri
» permitam. » — Ibid. XVI, 188. [§ 2, table n° 163].

11. — 1175. Fridericus imp., Bellicensi ecclesiæ : « Omnia
» civitatis regalia videlicet monetam, telonium, pedagium, ri-
» paticum, aquaticum, piscationes, venationes, silvas, stirpa-
» ticum... (etc.)... concessimus. » — Ibid. XV, 313. [§ 2,
table no 168].

12. — 1178. Fridericus imp., Diensi ecclesiæ : « (Jura con-
» firm.) Diam civitatem cum sua propria moneta, mercato,
» plateis... et hujusmodi omnibus quæ ad nostram specia-
» liter coronam pertinere noscuntur... hæc omnia... eccle-
» siæ damus... et confirmamus, salvo per omnia jure impe-
» riali. » — Ibid. XVI, 188. [§ 2, table n° 171).

13. — 1187. Bernardus Ato vicecomes Agathensis, ecclesiæ
Sancti Stephani Agathensi : « Dono meipsum pro canonico...
» cum omnibus quæ habeo in toto episcopatu Agathensi, scilicet
» Agathensem civitatem cum omnibus pertinentiis suis et
» omnia quæ in toto episcopatu Agathensi ego vel pater visi
» sumus habere et tenere, scilicet castellaniam, munitiones,
» usatica, pascua, terras... aquas... et omnes etiam domina-
» tiones totius vicecomitatus. » — Ibid. VI, 329. [§ 2, table
n° 176].

14.— 1187. Bernardus Ato Agathensis vicecomes, Agathensi
ecclesiæ : « Concedo vicecomitatum seu comitatum Agathen-

» sem... hoc est civitatem Agathensem et burgos cum... do-
» minio et potestate... finantias, justitias, causas criminales et
» civiles et earum... exccutiones. » — Ibid. VI, 331.

15. — 1238.Fridericus imp., Diensi ecclesiæ : « Diam civi-
» tatem... etc... confirmavimus, atque investituram fecimus
» de omnibus quæ in... privilegio avi nostri (a. 1178)... con-
» tinentur. » — Ibid. XVI, 214. [§ 2, table n° 186].

Dans plusieurs des textes que nous venons de produire, il
peut exister quelque incertitude touchant le sens précis qu'il
faut attacher au mot *civitas* ; et l'on pourrait bien quelquefois
y reconnaître la désignation d'un territoire. C'est ce qui semble
ressortir de la teneur de quatre d'entre eux (n°s 2, 9, 13, 15).
Dans d'autres, le sens s'accuse plus nettement, et l'on voit
que là il s'agit très vraisemblablement de droits purement
fiscaux. C'est ce qui a lieu dans ceux par exemple où sont
employées avec les mots *urbs* ou *civitas*, les locutions : *omne
quod ad fiscum pertinebat* (n° 1), *regalia* ou *regalia civitatis*
(n°s 4, 7, 8, 10, 11), car nous savons que tel est le sens de la
locution *regalia jura* [§§ 20, 21] ; dans ceux également où l'expression *civitas* reçoit cette signification particulière du rapprochement qui en est fait avec certaines expressions usitées
également dans cette acception, et dont la mention lui sert en
quelque sorte de commentaire, *palatium, monetam, mercatum,
teloneum, pedaticum, strata telluris et fluminis* etc. [§§ 20, 21],
comme on le voit dans neuf de nos textes (n°s 1, 3, 4, 5, 6, 8,
11, 12, 14).

Nous signalerons encore ici, comme nous l'avons fait dans
des termes analogues à propos de la concession des *regalia
jura* [§ 21], trois textes qui expriment avec la concession de
la *civitas*, celle de la *jurisdictio* (n°s 3, 6, 14): *civitatem cum
districtibus* (1146) ; *districtum civitatis in omnibus causis criminalibus et civilibus* (1156) ; *causas criminales et civiles, et
earum executiones* (1187). Il y a lieu de remarquer dans deux
de ces exemples, la locution *districtus* dont l'emploi en cette
occasion justifie ce que nous avons dit des conséquences qu'a
pu avoir l'exercice de la *districtio* dans l'institution des justices privées [§ 12].

— § 25. —

Nous venons de donner les textes relatifs à la possession par les églises des *regalia jura,* du *comitatus,* de la *centena,* de la *civitas.* Ces documents permettent de reconnaître : 1°, le caractère véritable et la nature des droits concédés dans ces termes ; 2°, pour une bonne part, le mode d'acquisition et le mode de tenure de ces droits.

Le caractère des droits concédés ainsi se rapporte à celui du *jus fisci,* comme induirait à le penser déjà ce fait, que les diplômes où ils sont mentionnés sont parfois des actes de concession ou de confirmation du privilège d'immunité (1), lequel comporte souvent simultanément et entraîne généralement comme conséquence la jouissance du *jus fisci* [§ 15] La nature de ces droits est d'ailleurs absolument décidée par la signification des expressions qui servent dans ces textes à les qualifier, *regalia jura, comitatus, centena, civitas ,* dont la signification ressort, comme nous l'avons montré, du rapprochement qu'on observe, dans certains diplômes, entre ces mots et diverses locutions qui leur servent de commentaire dans ce sens précisément [§§ 21, 22, 23, 24]. On voit par là que les concessions en question ne sont le plus souvent, dans l'esprit de l'acte originaire, que celles de droits fiscaux ou droits utiles, appartenant au fisc.

Ainsi, rappelons-le, à côté de la donation des *regalia jura,* parmi les 14 titres de 1147 à 1214 qui la concernent, on trouve dans un titre de 1165, les expressions *jura fisci hoc est regalia jura* [§ 21] ; à côté de la donation du comté, *comitatus,* parmi les 40 titres de 842 à 1262, que nous en citons, il est dit dans un titre de 846, *quid fiscus vel comes habet,* et dans un titre de 842, *partes fisci seu partes comitatis* [§ 22] (2) ; à

(1) C'est ce qu'on observe notamment dans 8 des titres de ce genre que nous fournit le *Gallia christiana.* Ces 8 titres compris entre les dates de 985 et 1214 figurent dans la table que nous donnons de ces documents [§ 2], sous les n°s 101, 116, 131, 136, 161, 168, 182, 183.

(2) Signalons avec ces formules et comme ayant une valeur analogue celle-ci : *opera regalia vel comitialia,* qu'on trouve dans une charte de 1005 du roi Henry pour Saint-Maximin de Trèves. — Beyer. *Urkundenbuch zur gesch. der mittelrheinisch. territor.* t. I, p. 384.

côté de la donation de la *centena*, parmi les 3 titres de 1070 à 1124 qui en parlent, on voit dans un titre de 1070 ces mots *quidquid jus nostri exigere poterat* [§ 23] ; à côté de la donation de la *civitas*, parmis les 15 titres de 627 à 1238 qui la mentionnent, on trouve dans un titre de 627, la proposition *res juris nostri, et omne quod ad fiscum nostrum pertinebat* § 24]. Ces indications relatives au caractère des donations ou concessions des *regalia jura*, du *comitatus*, de la *centena* de la *civitas*, éclairées ainsi par une sorte de paraphrase due accidentellement aux formules introduites dans quelques diplômes, montrent que ces concessions ne sont le plus souvent pas autre chose que celles de droits fiscaux ou droits utiles, ainsi que nous l'avons établi.

C'est donc par un pur abus d'interprétation qu'on a souvent voulu faire sortir de ces concessions de prétendues donations de territoires. Cependant, il pourrait se faire que dans les documents précédemment cités, ce fût parfois de donations de ce genre qu'il fût en effet question, comme on le voit ailleurs dans de nombreux diplômes qu'on trouve partout. Voici à cet égard quelques observations encore, touchant les textes que nous avons étudiés dans les paragraphes précédents.

Il s'agit évidemment de droits utiles à percevoir, de droits purement fiscaux, dans presque tous les diplômes concernant la concession des *regalia jura* [§ 21] ; dans la plupart des diplômes concernant la donation du *comitatus* [§ 22, nos 1, 2, 3, 4, 5, 6, 8, 9, 11, 12, 14, 15, 16, 19, 20, 22, 23, 24, 25, 26, 27, 28, 29, 30, 33, 34, 37], dans un des diplômes concernant la donation de la *centena* [§ 23, no 1] ; dans plusieurs diplômes concernant la donation de la *civitas* [§ 24, nos 1, 3, 4, 5, 6, 7, 8, 10, 11, 12, 14].

Il pourrait, au contraire, nous l'avons constaté [§§ 22, 23, 24], être question des territoires mêmes, dans quelques-uns des autres diplômes associés à ceux-là ; dans treize de ceux relatifs au *comitatus* [§ 22, nos 7, 10, 13, 17, 18, 21, 31, 32, 35, 36, 38, 39, 40] ; dans deux des diplômes concernant le *centena* [§ 23, nos 2, 3] ; dans quatre de ceux concernant la *civitas* [§ 24, nos 2, 9, 13, 15]. Cependant cette signification pourrait bien encore, il faut le dire, n'être qu'apparente dans

quelques uns de ces textes ; cette apparence résultant peut-être
d'un manque de précision seulement dans leur rédaction, et de
l'ambiguité des termes qu'on y trouve employés pour désigner
l'objet de la concession ou de la confirmation.

Sous ces réserves, nous croyons que, dans ces actes de libéralité envers les églises, il s'agit surtout de droits analogues
à ceux qui sont mentionnés par les privilèges d'immunité, sous
la dénomination de *jus fisci;* et que, dans leur esprit au moins,
les nouveaux droits octroyés ainsi dérivent en quelque sorte
de cette disposition [§ 20]. Ces actes de libéralité n'auraient
donc, pour la plupart, concerné originairement que des droits
fiscaux, des droits utiles, et non des territoires et des souverainetés. Mais ces mêmes droits étant toujours établis sur
des territoires, et la désignation, comme nous l'avons
fait observer [§ 21], en étant faite souvent dans les diplômes
sous le nom de ces territoires, il est résulté de là une confusion qui a pu permettre de substituer, par une interprétation
abusive, l'idée des territoires eux-mêmes, *comitatus, centena,
civitas,* à celle des droits qui devaient être perçus dans leur
étendue ; en même temps que l'idée de la souveraineté se
substituait par une confusion analogue plus ou moins voulue
à celle de la jouissance des droits du souverain, *regalia jura,*
dont l'énonciation figure aussi, nous l'avons reconnu, mais
avec un sens tout différent, dans certaines chartes de concession et de confirmation.

— § 26. —

Pour ce qui est du second point mentionné ci-dessus, au
commencement du § 25, touchant le mode d'acquisition et le
mode de tenure des droits précédemment énoncés et de ceux
qu'on en a tirés comme conséquence, les textes que nous
avons réunis [§§ 21-24] nous donnent d'abord des spécimens
des divers modes d'acquisition qui les concernent, et nous
montrent aussi comment des espèces de souverainetés, des
États à peu près indépendants ont pu se fonder sur des conditions de propriété ou sur la jouissance de certains droits
seulement, dont la concession première était loin d'avoir originairement cette portée [§ 18] ; et, pour ce qui est de cette -con

cession notamment, malgré la réserve souvent exprimée dans les diplômes, toujours sous-entendue on doit le croire dans le cas contraire, de la supériorité formellement maintenue du souverain, *salvo imperiali jure* [§ 20]. Cette réserve était, comme nous l'avons dit, la condition ordinaire et toute naturelle de la concession d'immunité [§ 14] ; sa mise en oubli a donné souvent carrière à des abus d'interprétation et à des empiétements que nous avons signalés aussi.

Les diplômes dont nous avons fourni des extraits touchant les *regalia jura*, le *comitatus*, la *centena*, et la *civitas*, sont il est vrai pour la plupart des actes de concession ou de confirmation, comme ceux d'ailleurs qui regardent les immunités elles-mêmes depuis leur origine ; mais il en est de nature différente aussi. L'un de ces diplômes concernant le *comitatus* en 1085 [§ 22, n° 18] est une véritable constitution de précaire [§ 19] ; trois autres de 1261, 1261, 1262 concernant également le *comitatus* [§ 22. n°ˢ 38, 39, 40] indiquent formellement une vente ; cinq titres enfin sont des actes d'investiture qui semblent impliquer une tenure en fief, savoir deux titres de 1149 et 1157 parmi ceux qui mentionnent les *regalia jura* [§ 21, n° 3, 4], et trois de 1157, 1157, 1238, parmi ceux relatifs à la *civitas* [§ 24, n°ˢ 7, 8, 15]. L'expression *investivimus* caractérise quatre de ces cinq textes [§ 21, n° 4, § 24, n°ˢ 7, 8, 15], au lieu de celles de *concedimus* ou *confirmamus* qui figurent dans les autres. Ce sont des titres d'investiture féodale.

Tels sont les modes d'acquisition qui se révèlent dans la plupart des documents que nous avons consultés. A ces procédés réguliers de prise de possession originaire viennent s'en joindre, nous l'avons fait remarquer, de moins corrects fondés sur des interprétations abusives appliquées aux termes des concessions premières. Nous avons mentionné, avec ce caractère, la jouissance des *comitatus, centena,* et *civitas,* entendue comme impliquant la possession des territoires eux-mêmes qui correspondent à ces dénominations, au lieu de celle des droits utiles seulement à percevoir dans leur circonscription. Nous avons signalé au même titre la possession des *regalia jura* considérée parfois comme étant l'expression de la souveraineté même, dernier terme et conséquence extrême des développements pris graduellement par la possession du *jus fisci*, dont l'abandon est formulé dans les concessions originaires d'immunité [§ 4, *p.*].

Parmi les diplômes que nous avons pu mentionner touchant la possession de droits et de territoires par les privilégiés, les plus nombreux de beaucoup, nous venons de le faire observer, sont ceux qui contiennent des actes de concession et surtout de confirmation. Ces derniers, les actes de confirmation, l'emportent eux-mêmes pour le nombre sur les autres, dans les titres dont nous avons précédemment donné des extraits [§§ 21, 22, 23, 24]. Tels sont ceux qui figurent sous les dates de 1167, 1177, 1184, 1214, parmi les diplômes concernant les *regalia jura* [§ 21, n°s 6, 8, 9, 14] ; sous les dates de 862, 889, 1150, 1154, 1155, parmi ceux concernant le *comitatus* [§ 22, n°s 5, 7, 24, 25, 26] ; sous la date 1070, parmi ceux concernant la *centena* [§ 23, n° 1] ; sous les dates de 1150, 1165, 1167, 1178, parmi ceux concernant la *civitas* [§ 24, n°s 5, 9, 10, 12].

L'un de ces diplômes de confirmation, celui de 1070 pour la *centena* [§ 23], fournit la justification de ce que nous avons dit tout à l'heure des empiétements qui concourent avec d'autres modes de développement, à l'extension graduelle des droits possédés par les privilégiés. Il nous procure aussi l'occasion de rappeler une observation que nous avons faite précédemment sur la manière abusive dont les privilèges d'immunité ont pu être quelquefois obtenus, dans les conditions d'une confirmation, sous prétexte de prétendues concessions antérieures du même genre, dont les titres auraient été ou perdus ou détruits [§ 5]. Le diplôme de 1070 est d'accord avec cette observation. Il nous donne la preuve que ces privilèges et certaines conséquences qui en découlaient pouvaient n'être bien souvent l'objet d'un acte de confirmation, quelquefois même de concession peut-être, qu'après une jouissance non autorisée, succédant à une prise de possession effectuée sans titre, et consacrée à la longue par l'usage. C'est là un mode d'acquisition du privilège de l'immunité et des avantages qui le constituent ou qui en découlent, dont il est bon de donner un exemple et qui s'est produit, on a tout lieu de le croire, plus souvent qu'on n'a l'occasion ou la possibilité de le constater.

Le diplôme de 1070, pour la *centena* de Metz, contient une confirmation donnée, à cette date, par Henry, roi de Germanie, du privilège d'immunité dont jouissait l'Église de cette ville. Il suit, à moins de vingt années de distance, un diplôme de confirmation du même genre, que nous possédons aussi, donné par l'empereur Henry III, en 1052 (1). Les deux diplômes sont conçus en termes à peu près identiques, sauf pour ce qui regarde la *centena*, dans un passage qui manque au diplôme de 1052, et qui est donné par celui de 1070. Ce passage consiste en quelques lignes intercalées dans le texte, lequel est pour le reste commun aux deux instruments. Il y a donc lieu de considérer cette intercalation comme représentant une innovation dans le diplôme de 1070, par rapport à celui de 1052. Or la jouissance des droits de la *centena* qui fait l'objet de cette innovation n'est pas présentée dans le diplôme de 1070, où elle apparaît pour la première fois, comme procédant d'une concession expresse qui aurait été faite alors, mais comme résultant d'une pratique qui se serait établie antérieurement, sans titre à ce qu'il semble, car on n'en rappelle aucun, et par un simple usage. Les termes de la charte ne laissent aucun doute à cet égard. Ils disent que c'est un usage qui existe au moment présent et qu'il est de notoriété qu'il existait au temps de l'empereur Henry, père du roi, de qui émane le diplôme de 1070 (2). Or, l'empereur Henry, dont il est ainsi question, est celui-là même qui avait octroyé le diplôme de 1052, où nulle mention n'est faite de la *centena*. L'usage en question concernant les droits de cette *centena* n'était donc pas connu ou au moins reconnu alors. Ces faits parlent d'eux-mêmes. Leur appréciation permet de saisir, dans ses origines, une de ces usurpations ultérieurement acceptées, d'où procédaient plus souvent qu'on ne pense les droits de toute sorte dont jouissaient les privilégiés.

Voilà ce que nous pouvons dire des divers modes d'acquisition en vertu desquels les privilégiés détiennent les droits de

_____

(1) Meurisse, *Histoire des évêques de Metz, p.* 358.

(2) « et precipue de centaina... sicut eadem ecclesia (Metensis) tempo- » ribus pie memorie genitoris nostri Henrici imperatoris tenuisse, et » notris temporibus tenere dignoscitur. » [§ 23, n° 1].

l'immunité et ceux qui les accompagnent, aussi bien que les droits souvent fort différents qui, à titre de conséquence ou par voie d'interprétation, sortent graduellement de ceux-là.

Pour ce qui regarde le mode de tenure de ces droits, les documents que nous avons interrogés permettent d'y reconnaître à ses divers degrés la possession plus ou moins complète, depuis celle qui résulte du simple engagement, jusqu'à celle qui implique le plein droit de propriété, et, de plus, à côté de ces modes de jouissance, la tenure féodale, puis l'affranchissement même de toute allégeance, avec une indépendance graduelle qui s'élève parfois jusqu'à l'exercice de la souveraineté.

Nos observations, nous devons le rappeler, concernent surtout les États ecclésiastiques. En effet, à part quelques exceptions touchant les grands possesseurs laïcs, *potentes laïci*, des premiers temps [§ 3], les privilèges conférés par l'immunité regardent surtout les églises [§§ 1 et 3]. L'immunité est la source ordinaire des conquêtes de ce genre faites par les privilégiés de l'ordre ecclésiastique : c'est le bénéfice avec ses développements et ses déviations, qui produit plus spécialement des résultats analogues au profit des puissants laïcs [§ 1]. Il faut donc reconnaître là un des modes essentiels de formation des États ecclésiastiques. Ce n'est pas à dire pourtant que, dans la constitution de ces États, la possession des territoires qui les composent n'ait jamais eu d'autre origine que l'interprétation abusive des concessions de droits utiles ou droits fiscaux, abandonnés par le souverain aux privilégiés. Non sans doute. La jouissance des droits fiscaux a certainement conduit dans bien des cas les privilégiés à la possession des territoires sur lesquels ces droits étaient assis ; mais la formation des principautés domaniales constituées au profit des Églises ne saurait avoir une origine aussi simple et aussi uniforme. Les considérations que nous avons présentées à ce sujet [§ 19] et que nous venons de rappeler, permettent de constater que les genres les plus divers d'acquisition ont concouru à l'enfantement de ces grands organismes politiques. On peut reconnaître effectivement, dans les faits qui les concernent, tous les modes d'acquisition et de tenure de la propriété. On y trouve le don, la vente, l'engagement, la *precaria*, le fief, la pleine possession, et la souveraineté elle-même.

Pour ce qui est en particulier des fiefs dans le domaine des Églises; on voit les possesseurs ecclésiastiques entrer graduellement dans le régime féodal qui était conforme aux usages du temps. Les portions mêmes de leurs domaines qui procédaient de l'immunité se confondent à la longue avec ce qui entre leurs mains relevait expressement de la tenure féodale. Des droits, privilèges et domaines de toute sorte sont compris indistinctement dans les fiefs royaux, *regalia feuda*, que les prélats reprennent du souverain. Ainsi s'explique l'expression *investivimus* dans certains diplômes où nous l'avons signalée tout à l'heure. On peut rapprocher des textes où nous l'avons relevée les suivants encore qui ont le même caractère :

— 1274. Rodulphus rex Rom., Bisuntinensi archiepiscopo : « Archiepiscopum... catervæ... principum adscribimus... » feuda regalia, et jurisdictionis temporalis administrationem, » principatus ecclesiæ suæ... de manu nostra... conceden- » tes, etc. » — Gall. christ. Instrum. XV, 96. [§ 2, table n° 188].

— 1302. Albertus rex Rom., Lausanensi episcopo : « Nos.. » (ipsum) tanquam nostrum et imperii principem... admitten- » tes.. regalia feuda principatus pontificalis... de liberalitate » regia concessimus, et eumdem... investivimus de eisdem. » — Ibid. XV, 172. [§ 2, table n₀ 189].

— 1310. Henricus rex Rom., Bisuntinensi archiepiscopo : « Nos... ipsum tanquam nostrum et imperii principem... » admittentes... regalia feuda principatus pontificalis... » de liberalitate regia concessimus et eumdem... investivi- » mus de eisdem... » — Ibid. XV, 102. [§ 2, table n° 191].

Les observations qui précèdent nous ont mis en présence des modes très divers d'acquisition et de tenure appliqués à la constitution et au développement des domaines possédés par les églises. Il ne faut pas perdre de vue qu'une des clauses formelles de l'immunité, régime habituel de ces domaines, faisait tomber sous ce régime les territoires de toute sorte que tenait dans le présent ou que devait tenir par la suite le privilégié. Ainsi, non seulement les grandes pro-

priétés rurales, objet ordinaire de dons, de ventes, d'engagements, mais encore les territoires plus importants qualifiés
comitatus, centena, civitas, de quelque façon qu'ils entrassent
dans le domaine des églises, soit par donation formelle de
ces territoires, soit par interprétation abusive d'une concession, quelquefois même d'une usurpation de droits utiles
désignés par les mêmes termes, tous ces domaines devenus
propriété ecclésiastique se trouvaient dès lors bénéficier des
privilèges de l'immunité dont les églises étaient généralement
investies, et entraient par là dans le régime que nous nous
sommes appliqués à décrire.

— § 27. —

Résumons ce qui est dit, dans les paragraphes précédents
(§§ 18-26), sur les développements que prennent à la longue les
principes déposés dans l'immunité originaire et dans les concessions qui l'accompagnent. Nous avons considéré ces développements au double point de vue de l'accroissement gra-
duel du territoire auquel s'applique le privilège, et de l'extension des droits positifs exercés sur les domaines qu'il comprend.

Pour ce qui est de l'accroissement du territoire, les développements pris avec le temps par l'immunité procèdent
surtout de la disposition habituelle en vertu de laquelle le
privilège est originairement accordé non seulement pour les
domaines présentement possédés, mais encore pour tous
ceux qui seront acquis ultérieurement par le privilégié [§ 18].
En mentionnant les divers modes d'acquisition qui concourent
à ce développement du territoire, nous avons insisté sur les
precariæ dont la constitution est, si non par son origine, au
moins, par sa nature liée au régime de l'immunité, et qui, dans
les premiers temps principalement, sont une des formes d'acquisition les plus usitées au profit des privilégiés [§ 19].

Pour ce qui regarde l'extension des droits positifs concédés
avec l'immunité, *jus fisci,* elle aboutit à des conséquences
diverses. Les unes résultant de déductions plus ou moins
forcées consistent, comme celles qui sortent de la disposition
précédente, en acquisitions de territoires [§ 21], les autres ont

un caractère différent procédant plus directement de la nature même de ces droits, et conservent avec eux une plus grande analogie.

Les droits positifs concédés aux privilégiés dans les limites du territoire de l'immunité ne comportent vraisemblablement autre chose dans le principe que la jouissance des *freda* et des *tributa* compris dans le *jus fisci* qu'on voit fréquemment octroyé dès l'origine aux privilégiés mis en possession de l'immunité [§ 18]. Cette concession n'a peut-être pas beaucoup d'importance dans le principe. Elle en a davantage ultérieurement par l'extension donnée au domaine privilégié; elle en prend encore par la suite, en raison des interprétations arbitraires dont est susceptible l'expression un peu vague, *jus fisci*.

Le principal développement de la concession originaire du *jus fisci* résulte en effet des interprétations abusives de cette concession. On a prétendu en faire sortir celle de territoires, celle aussi de la juridiction, et y trouver le principe des justices privées [§ 20]. On a réussi, chose plus grave, à établir l'équivalence des deux locutions *jus fisci*, et *regalia jura*, et l'on a poussé ensuite jusqu'à l'extrême ces déductions, par une interprétation non moins hardie de l'expression *regalia jura*, pour conclure, de la possession plus ou moins légitime de ces *regalia jura* à la possession de la terre et à celle de la souveraineté elle-même [§ 20].

Les *regalia jura* sont tout autre chose que les droits de possession et de souveraineté. Ils sont souvent spécifiés dans les diplômes, où on les trouve mentionnés et détaillés sous les dénominations de *palatium, mercatum, moneta, minariæ, salinæ*, etc., qui représentent des droits purement fiscaux, droits utiles ou revenus, comprenant certains produits de la justice, des perceptions sur la vente des denrées et des marchandises, des bénéfices et des prélèvements sur la fabrication des monnaies, sur l'exploitation des mines et des salines, etc. [§ 22]. La jouissance de ces droits importants était généralement considérée comme un attribut de la souveraineté ; de là la locution *regalia jura* employée pour les exprimer.

Sans aller jusqu'aux prétentions à la souveraineté, l'interprétation de la jouissance des *regalia jura* a conduit parfois à la prise de possession au moins des territoires sur lesquels ces droits étaient établis, les comtés, les centaines, les villes, *comitatus, centena, civitas*, dénominations qui dans le texte des diplômes servent parfois à exprimer la concession des droits en question, dans les circonscriptions qu'elles désignent également [§ 21].

C'est ainsi que l'extension, par suite d'interprétation abusive, des droits positifs acquis aux privilégiés aboutit quelquefois, comme nous le disions tout à l'heure à propos du *jus fisci*, à des acquisitions de territoires, moyennant un artifice qui consistait à passer de la possession du *jus fisci* à celle des *regalia jura*, et de la possession des *regalia jura* à celle des territoires sur lesquels ils étaient établis. Ces abus étaient du reste encouragés et facilités par le fait que les *regalia jura* et les territoires eux-mêmes sur lesquels les privilégiés étendaient ainsi la main étaient souvent en effet, de même que le *jus fisci*, l'objet de donations formelles de la part des souverains, ce qui créait comme un précédent en faveur des empiétements dans cette direction ; et que, dans certains cas, les églises avaient réellement obtenu de pareilles libéralités. Le développement des principes de l'immunité n'est pas, on le voit, la cause unique de la formation des souverainetés ecclésiastiques.

Les églises bénéficiaient d'ailleurs, avons-nous dit, de l'immunité pour tous les domaines qu'elles acquéraient par divers moyens. Avec les privilèges assurés à ses domaines, le privilégié voyait grandir en même temps que ceux-ci le rôle de ses agents particuliers dans le territoire de l'immunité interdit à l'action des officiers publics [§ 18]. Ces agents particuliers sont les officiers de l'immunité, dont il nous reste maintenant à parler.

III

LES OFFICIERS DE L'IMMUNITÉ

§ 28. Les *judices privati : judex fisci ; advocatus* et *villicus*. — § 29. L'*ad vocatus*, sa condition originaire en général. — § 30. Sa condition au IXe siècle, d'après les capitulaires ; la *districtio*. — § 31. Développements ultérieurs de son rôle d'après les textes de Du Cange ; la *jurisdictio*. — § 32. Notions empruntées aux diplômes du *Gallia Christiana* ; la *districtio*, le *bannum regale*, la *jurisdictio*, l'*executio*. — § 33. Le *villicus*. Condition de son office dans le domaine privé et dans l'immunité, d'après les diplômes du *Gallia Christiana*. — § 34. D'après des documents ayant une autre origine. — § 35. Résumé.

— § 28 —

Les officiers de l'immunité, tel est le sujet qui s'offre maintenant à notre examen. C'est un des plus importants que comporte une étude consacrée au régime des domaines privilégiés. Les officiers de l'immunité ne sont autre chose originairement que les agents du possesseur sur les terres et vis-à-vis des hommes de son domaine : ce sont des *judices privati*.

Le principal objet de l'immunité étant de créer, sur le domaine privilégié, des restrictions au rôle des *judices publici*, les conséquences résultant tout naturellement de là, étaient de mettre en relief et de développer celui des *judices privati*, officiers du possesseur investi de l'immunité. Le même caractère appartenait, avec des conséquences analogues, aux officiers qui régissaient les domaines du fisc.

Nous avons eu déjà occasion de dire quelques mots des *judices privati*, à propos des *judices publici* [§ 6], à propos également des possesseurs, *domini*,, *patroni*, dont ils sont les agents [§ 12, 16, 18]. Nous avons montré comment les nouveaux droits dévolus aux possesseurs, en conséquence du privilège de l'immunité, avaient naturellement engendré pour leurs agents ou officiers particuliers, *judices privati*, une participation à l'exercice de ces droits, lequel était précédemment dans les attributions exclusives des *judices publici* [§ 18]. Nous avons expliqué ainsi comment l'interdiction générale faite aux *judices publici* d'accomplir leurs fonctions sur les

terres privilégiées, avait fait passer aux agents particuliers
institués dans ces domaines, *judices privati,* une partie de ces
fonctions, la levée par exemple des *freda* et des *tributa* [§ 9],
la jouissance peut-être des *mansiones* et des *paratæ* [§ 10], et
avant tout l'exercice de la police sociale, dans les limites du
territoire de l'immunité [§ 18]. Ce rôle nouveau comportait,
dans une certaine mesure, pour les *judices privati,* l'exercice
de la *districtio,* à titre au moins de représentants du possesseur, leur maître, *dominus, patronus,* à qui elle était indispensable pour remplir l'obligation qui, dans ce cas, lui incombait de contraindre ses hommes à se rendre aux *placita*
des *judices publici,* et à se soumettre à leur jugement [§§ 8,
16]. Nous avons fait observer en même temps que, par suite
de ces changements, les *judices publici* conservant toujours
la juridiction qu'ils exerçaient dans les *placita* mais
perdant en partie la *districtio* [§ 12], les *judices privati*
en possession de celle-ci sur le territoire de l'immunité, devaient tendre naturellement à s'emparer de l'autre [§ 18].

Il faut pénétrer maintenant un peu plus avant dans l'étude
des faits.

Nous avons dit précédemment quels étaient, aux VIIIe et IXe
siècles, les agents de l'autorité publique, *judices publici.* Nous
avons nommé le *missus,* le *comes,* le *vicecomes,* le *vicarius,*
le *centenarius,* l'*exactor,* le simple *agens* [§ 6]. A la même
époque, les agents de l'autorité privée dans les domaines des
grands possesseurs et dans les immunités, les *judices privati,*
sont d'abord l'*advocatus,* le principal d'entre eux, et au-dessous de lui des agents secondaires portant des qualifications
diverses, parmi lesquels le maire *major,* dit aussi *villicus*

Le titre d'*advocatus* est donné à l'agent principal du grand
possesseur, dès le commencement du IXe siècle.

— « Pro quibuslibet causis servi non mittantur in distric-
» tionem, sed per missos nostros vel dominos eorum aut illo-
» rum advocatos, ipsi servi distringantur. » — Caroli imp.
capitul. a. 801, c. 12. — Baluze, Capitul. I, 350.

Quant à la dénomination de *villicus,* elle est déjà usitée à
la même époque; mais elle ne se généralise pourtant que
plus tard seulement. On trouve, dans un capitulaire de Charlemagne, le texte suivant :

— « De villicis regiis ; quid facere debeant. Ut villicus bo-
» nus... in opus nostrum eligatur qui, sciat rationem misso
» nostro reddere, et servitium perficere prout loca locata
» sunt. » — Caroli imp. capitul., a. 813, c. 19. — Baluze,
Capitul. I, 510.

Le caractère initial et le rôle primitif des officiers de l'immunité, *advocatus* et *villicus* ou *major*, maire, il est bon de
le constater au point où nous en sommes, ressortent clairement du rapprochement qu'on peut faire de leurs attributions
et de celles mieux connues des officiers qui ont une situation
analogue dans les domaines du fisc, *judices fisci*.

Le type perfectionné en quelque sorte du grand domaine
privé et de son organisation est en effet fourni à l'époque carolingienne par les terres du fisc, par la villa royale. Le capitulaire *De villis* nous initie au régime de ces terres du fisc,
sous l'administration des *judices fisci*, des *ministeriales*
agents du maître, qui dans ce cas est le souverain. A leur tête
se trouve un officier que celui-ci appelle *judex noster ;* au des-
sous de celui-ci sont des officiers subordonnés, *juniores judicis*, dont les principaux sont les *majores*, puis les *decani*,
d'autres encore, préposés à divers services particuliers, comme
les *cellarii*, les *magistri servorum*, etc.

Le *judex villæ* administre le domaine dont il dirige les travaux, *labores facere debet*. Il gouverne les colons et il a sur
eux dans une certaine mesure le droit de contraindre, avec
une sorte de juridiction domestique, *colonos distringit, con-
damnat*. Il poursuit leurs revendications, *justicias ad queren-
dum decertat*, et répond pour eux devant le juge public dont
il exécute les décisions, *justiciam facit*.

— « Judices nostri labores nostros facere debent, seminare
» aut arare, messes colligere, fœnum secare, aut vendemiare...
» in tempore laboris. » — Caroli imp. capitul a. 800, De
villis, c. 5. — Baluze, Capitul. I, 332.

— « De clamatoribus ex homnibus nostris unusquisque
» judex provideat... Et si habuerit servus noster forinsecus
» justicias ad quærendum, magister ejus cum omni inten-
» tione decertet pro ejus justitia. » — Ibid. c. 29. — Ibid.
333.

— « Volumus ut de fiscalibus vel servis nostris sive ingenuis,

» qui per fiscos aut villas nostras commanent, diversis homi-
» nibus plenam et integram qualem habuerint faciant justi-
» tiam (judices). — Ibid. c. 52. — Ibid. 338.

— « Ut unusquisque judex provideat qualiter homines nostri
» de eorum ministerio latrones vel malefici nullo modo esse
» possint. » — Ibid. c. 53. — Ibid., 338.

— « Ut unusquisque judex in eorum ministerio frequentius
» audientias teneat et justitiam faciat, et provideat qualiter
» recte familiæ nostræ vivant. » — Ibid., c. 56. — Ibid. 339.

A ces extraits du capitulaire *De villis* nous jugeons à propos
de joindre, comme fournissant un complément d'informations
sur le même sujet, le texte suivant tiré des résolutions pré
sentées par les évêques au roi Louis en 858.

— « Judices denique villarum regiarum constituite, qui...
» servos regios... non opprimant... neque... per mala ingenia...
» colonos condemnent... judices vero villarum colonos di-
» stringant ut non... alienos propter privilegium regium oppri-
» mant... » — Epistola episcoporum ad Ludovicum regem Ger_
maniæ a. 858, c. 14. — Baluze, Capitul. II, 115.

Nous ne pousserons pas plus loin ces citations qu'on pourrait étendre davantage. Nous y retrouvons les locutions que
nous avons signalées tout à l'heure comme s'appliquant aux
actes divers qui permettent de se faire une idée des attributions
et du rôle des *judices fisci*. La signification n'en est pas douteuse.
Labores facere, Distringere, Condemnare s'interprètent sans
difficulté. *Justicias decertare, Justitiam facere* sont des formes
de langage qui pourraient seules présenter quelque ambiguïté.
La seconde surtout est dans ce cas. Contentons-nous de dire
ici qu'elles correspondent à la double idée de poursuivre droit
et de faire droit, dans les termes où ces deux actions incombaient obligatoirement au maître pour ses hommes propres,
suivant ce qui a été dit précédemment à cet égard [§§ 8 et 12].
Il ne s'agit donc pas plus en cela pour le *judex privatus* que pour
son maître, d'exercer la juridiction proprement dite, mais seulement d'agir en justice, soit comme demandeur, soit comme
défendeur, pour ceux qui sont soumis à son autorité. C'est ce
que nous constaterons à propos des attributions des *advocati*
dans les terres d'immunité, en ce qui touche l'explication de
la locution *justitiam facere* [§ 30]. Nous ne pouvons cepen-

dant pas nous dispenser de faire observer que si, dans un des textes donnés ci-dessus, la formule *de servis (fisci) diversis hominibus justitiam facere* doit s'interpréter comme nous venons de le dire, dans un autre texte emprunté cependant au même capitulaire et rapporté également par nous, le rapprochement de la locution *justitiam facere* et de celle *audientias tenere* semble indiquer l'exercice d'une sorte de juridiction domestique au moins. Le *judex* est en effet invité à la fois dans ce dernier texte à tenir des audiences, *audientias teneat* et à faire justice, *justitiam faciat*. Dans ce cas la locution *justiciam facere* pourrait bien avoir une signification autre que celle dont nous venons de parler, et qu'il convient de lui reconnaître dans certaines circonstances (1).

Nous venons de dire quel était le rôle des *judices privati*, ou *judices fisci*, dans les terres du fisc ; nous avons anoncé qu'on pouvait en déduire une appréciation de ce qu'était celui des *judices privati* ou *advocati* dans les terres d'immunité. Ces inductions sont fondées sur l'analogie de ces deux situations ; analogie justifiée par les faits et par les documents, par le texte suivant, entre autres :

« — De infame sive fiscalino, sive immunitatis colono. Man-
» det comes (judex publicus) judici nostro vel advocato cujus-
» cunque casæ Dei ut talem infamem in mallo suo præsentet »
— Caroli regis capitul. a. 873, c. 3 — Baluze, Capitul. II. 229.

L'advocatus est le *judex privatus* des domaines particuliers du possesseur privilégié, dans l'immunité, comme l'est le *judex noster*, *judex regis* ou *imperatoris*, *judex fisci*, dans les domaines du fisc.

Avec *l'advocatus* on trouve au sein de l'immunité, ainsi qu'il a été dit tout à l'heure, des *majores* comme dans les terres du fisc, dans la *villa* royale. Ces *majores* de l'immunité sont également nommés *villici* ; qualification donnée quelquefois aussi à l'officier du fisc.

— « Ut villici nostri... ædificia emendent, nutriant ani-
» malia,... terram aratoriam studeant femare... » — Caroli imp. capitul. a. 813, c. 19. — Baluze. Capitul. I. 510.

La qualification de *villicus* est d'ailleurs assez rare, nous

(1) Voir à ce sujet une note ci après [§ 30].

l'avons fait observer, à l'époque carolingienne. Cette expression n'est employée dans les capitulaires qu'une ou deux fois seulement. Dans le régime des immunités non plus, on ne la trouve guère que pour des temps postérieurs. Elle est alors identifiée quelquefois avec celle de *major* ou maire ; laquelle au reste appartient déjà au régime de la *villa* royale des carolingiens.

L'advocatus et le *major* ou *villicus*, tels sont les officiers ordinaires de l'immunité.

— § 29. —

L'advocatus a un rôle d'un caractère · général étranger et an térieur au régime de l'Immunité, dont son office était destiné à devenir un des principaux ressorts. Les textes réunis sous ce mot par Du Cange dans son glossaire, permettent de se faire une idée de ce que *l'advocatus* était ailleurs et originairement.

Advocatus, advocatio sont des termes qui répondent d'après ces textes à la notion de protection et de direction par délégation, *protectio, præfectura*. Des *advocati* étaient donnés primitivement aux clercs, à qui il était interdit de paraître personnellement dans les cours de justice séculière, *placita secularia*. Ces *advocati* figuraient dans les plaids, au nom de leurs clients ; ils juraient pour eux ; ils suivaient les débats qui les concernaient.

Les églises, plus encore que les simples clercs, avaient besoin des offices d'un *advocatus*. Elles demandaient leur *advocatus* au souverain, et le recevaient de lui. Plus tard elles obtiennent comme une faveur le droit de l'élire librement ; plus tard encore ces offices deviennent à la longue parfois héréditaires. Les *advocati* des églises avaient originairement pour mission unique de défendre les intérêts temporels de celles-ci, de soigner leurs affaires, de protéger leurs biens.

Outre ces indications relatives au caractère originaire des *advocati*, les textes recueillis par Du Cange fournissent encore des renseignements sur les développements ultérieurs de leur rôle. Avant de passer à ces considérations, nous compléterons ce que nous savons maintenant de leur condition première, par un tableau des données que fournissent les Capitulaires sur le rôle de ces officiers dans diverses circonstances.

— § 30. —

Les notions abondent sur les *advocati* dans les Capitulaires : 1° relativement au caractère et au mode de création de ces officiers; 2° touchant leur rôle comme intermédiaires entre les privilégiés ou leurs hommes et les officiers publics *judices publici ;* 3° enfin sur leurs attributions, comme chargés d'une autorité et d'une action directes, pour assurer la police sociale dans le territoire de l'immunité. Nous allons voir ce qui regarde chacun de ces trois points successivement.

1° Sur le premier point, le caractère et le mode de création des *advocati*, nous trouvons dans les Capitulaires les passages suivants que nous prenons comme exemples entre beaucoup d'autres du même genre :

— « Omnibus episcopis abbatibus cuncto que clero preci-» pimus... advocatos sive defensores habere bonos. » — Ludovici imp. capitul. ex lege Longobard. c. 2. — Baluze, Capitul. I, 689.

— « Pro ecclesiarum causis... ac necessitatibus... advocati » seu defensores quotiens necessitas ingruerit à principe » postulentur et ab eo... dentur. «— Angesisi capitul. L. VII, c. 392. — Ibid. I, 1110.

— « Ut missi nostri scabinios, advocatos, notarios per sin-» gula loca eligant... » — Caroli imp. capitul. a. 803. III, c. 3. — Ibid. I, 392.

— « Volumus ut advocati in præsentia comitum eligantur... » tales quales... lex jubet eligere. » — Caroli imp. capitul. a. 801, c. 22. — Ibid. I. 352.

— « Volumus ut episcopi una cum comite suo advocatos » eligant » — Hlotharii imp. capitul a. 823, c. 9. — Ibid., II, 322.

D'après ces textes, les églises et les clercs devaient avoir en cas de besoin un *advocatus* demandé par eux au souverain, et donné par lui ou par son *missus,* quelquefois élu soit en présence du comte, soit d'accord avec lui, ou bien institué par le *missus.* La formule *quotiens necessitas ingruerit* qu'on trouve dans un des textes que nous venons de reproduire semble impliquer que le rôle de l'*advocatus* pouvait être parfois accidentel et temporaire.

L'*advocatus* devait avoir son principal héritage dans le comté ; il ne pouvait pas être *centenarius comitis*, il était exempt du service de guerre, *hostis*. C'est ce qu'on voit par les textes suivants :

— « Ut episcopi et abbates advocatos habeant. Et ipsi (advo-» cati) habeant in illo comitatu propriam hereditatem. » — Caroli imp. capitul. a. 813, c. 14. — Baluze, Capitul. I, 509.

— « Ut nullus episcopus, nec abbas nec comes, nec abba-» tissa centenarium comitis advocatum habeat. » — Ludov. imp. capitul. a. 819, c. 19. — Ibid. I, 617.

— « Advocatos.., quamdiu advocationem tenuerint, ab » hoste relaxamus. » — Capitul. excerpta ex lege Longobard. tit. V, c. 25. — Ibid., II, 337.

2° Sur le second point, comme intermédiaires entre les privilégiés ou leurs hommes et les officiers publics, *judices publici*, les *advocati* devaient représenter leur client dans toute affaire judiciaire où celui-ci pouvait être engagé, qu'il fût acteur ou défendeur, sauf pour les cas majeurs impliquant *publicum crimen*. Ils le suppléaient même dans l'obligation de présenter au plaid du comte les hommes de ce client lorsqu'ils étaient prévenus de crime :

— « Vult dominus imperator, ut in tale placitum quale » ille tunc jusserit... advocati... episcoporum, abbatum, et » abbatissarum... veniant... » — Ludovici imp. capitul. a. 819, II, c. 2. — Baluze, Capitul. I, 605.

— « Vicini comites in una die... mallum... non teneant... » propter francos homines et advocatos qui ad utraque malla » non possunt occurrere. » — Caroli regis, capitul. a. 864, tit. 36, c. 32. — Ibid. II, 190.

— « Ubi vero ex utraque parte ecclesiasticum fuerit, rec-» tores... ecclesiarum... pacificare... licentiam habeant. Si » autem de hujuscemodi pacificatione inter eos convenire » non possit, advocati eorum in mallo publico ad præsentiam » comitis veniant, et ibi legitimus terminus eorum contentio-» nibus imponatur. » — Ludovici imp., capitul. a. 819, c. 10. — Ibid. I, 601.

— « Ut episcopi universique sacerdotes habeant advoca-
» tos... excepto publico videlicet crimine. » — Capitula excerpta ex Lege Longobard., tit. V, c. 26. — Ibid. II, 337.

— « Ut latrones illos de infra emunitate judices et advo-
» cati ad comitum placita quando eis adnunciatum fuerit
» præsentent. » — Caroli imp., capitul. a. 801, c. 18. —
Ibid. I, 351.

Le rôle de l'*advocatus*, dans les débats judiciaires, embras-
sait toutes les phases de l'affaire jusqu'à sa conclusion :

— « Ut ipsi (advocati) recti et boni sint, et habeant volun-
» tatem rectè et justè causas perficere. » — Caroli imp. capitul. a. 813, c. 14. — Baluze, Capitul. I, 509.

— « De advocatis... tales eligantur quales, et sciant e .
» velint justè causas discernere et terminare... » — Caroli
imp., capitul. a. 805, c. 12. — Ibid. I, 426.

— « Ne... quislibet de clero, de personis suis ad publica
» vel ad secularia judicia trahantur, vel distringantur... Si...
» super eos clamor ad judicem venerit... (episcopus) faciat...
» per advocatum justitiam percipere. » — Caroli imp. capitul. a. 801, c. 39. — Ibid. I, 355.

— « Pontifex... advocatum habeat... ut... justitiam faciat
» et suscipiat. » — Pippini regis, capitul. a. 812, c. 29. —
Ibid. I, 548.

— « Quidquid ab eis (servis ecclesiæ) juste agendum est, a
» domino vel patrono suo ordinandum est. Si vero de ali-
» quo crimine accusantur, Episcopus primo compelletur, et
» ipse per advocatum suum, secundum quod lex est, juxta
» conditionem singularum personarum justitiam faciat. » —
aroli imp. capitul. a. 801, c. 20. — Ibid. I, 352.

— « Item... advocatus earum (Sanctæ Crucis sanctimonia-
» lium) per se justitiam faciat et accipiat. » — Ludovici imp.
capitul. a. 822, c. 8. — Ibid. I, 630.

Dans ces textes, les locutions *causas discernere, terminare,
perficere*, répondent à l'idée d'une affaire judiciaire enga-
gée et conduite jusqu'au bout. Les formules *justitiam percipere, suscipere, accipere*, correspondent à la situation du
demandeur ; la formule *justitiam facere* correspond à celle
du défendeur (1). D'une manière générale, ces locutions

(1) Nous avons déjà parlé de la locution *justitiam facere* [§ 8, note,

répondent aux deux idées de demander et de faire droit [§ 28].
Dans ces diverses situations, le rôle de l'*advocatus* était
d'agir au lieu et place du privilégié qu'il représentait.

Les exemples que nous avons cités se rapportent à la condition de l'*advocatus* des clercs ou gens d'Église. Le rôle de
cet officier est le même dans l'immunité, le plus souvent
constituée sur un domaine ecclésiastique. C'est ce dont il est
question d'une manière toute spéciale dans l'un des textes
précédents concernant les voleurs, *latrones*.

3° Sur le troisième point, nous observons que c'est dans l'immunité tout particulièrement aussi, que l'on voit l'*advocatus*
prendre, au lieu de son caractère primitif de simple agent
fonctionnant comme intermédiaire, le rôle direct d'un officier

et § 28]. On est généralement d'accord pour l'interpréter dans le sens
indiqué ci-dessus, faire droit, se soumettre à un jugement et non pas juger
sentencier. Elle semble cependant avoir été aussi employée avec cette
dernière acception, comme nous l'avons dit [§ 28]. C'est ce qu'on peut
inférer de divers textes entre lesquels nous citerons comme exemple le
suivant emprunté à un diplôme du XIIe siècle (v. 1108) de Henry roi
d'Angleterre, pour l'abbaye de Saint-Pierre-sur-Dive. « Nemo justiciariorum
» cogat abbatem ad placitandun extra curiam suam.... nisi coram me
» vel... justiciario qui... vice meâ justitiam tenet. Nullus præsumet abba-
» tiam vel homines abbatiæ.... inquietare, nisi clamore prius facto ad
» abbatem. Et si *justitiam*..... in curia sua *facere* noluerit, tunc proprius
» justiciarius meus inde requiratur » — Gallia christ. t. XI, Instrum.
p. 156. [§ 23, n° 2. § 2, table n° 131].

Il résulte de ces observations que la locution *justitiam facere* a, vraisemblablement, deux significations différentes : 1° Juger ou sentencier;
2° faire droit en exécution d'un jugement. On trouve de l'une et de l'autre
des exemples à toutes les époques. Ainsi, nous pouvons citer parmi les
documents qui se trouvent mentionnés dans le présent travail, pour la
première signification, juger sentencier, outre l'exemple qui vient d'être
rapporté. des textes appartenant à un capitulaire de 800, c. 56, Baluze,
Capitul. I, 339 [§ 28]; à un capitulaire de 803, c. 7, Baluze, Capitul. I,
298 [§ 6]: à un capitulaire de 817, c. 3, Baluze, Capitul. II, 321 [§ 6]; au
recueil d'Angesise, l. III, c. 87, Baluze, Capitul. I, 770 [§ 12]; à deux
diplômes de 1210 [§ 32, n° 35], et de 1369 [§ 32, n° 39]. Pour la seconde
signification, faire droit, se soumettre à un jugement, nous citerons, outre
les textes qui sont rapportés ci-dessus, ceux appartenant à un capitulaire
de 800, c. 52. Baluze, Capitul. I, 358 [§ 28]; à un diplôme de 1369 [§ 32,
n° 39]. Ce dernier diplôme, ainsi que le capitulaire de l'an 800 renferment la même locution employée dans l'une et l'autre acception successivement.

exerçant la police sociale sur un territoire dont l'accès est interdit au juge public.

L'obligation déjà mentionnée tout à l'heure, d'amener devant le comte le larron saisi dans l'immunité appartient à cet ordre de faits. Cette obligation implique pour l'*advocatus* dans une certaine mesure l'exercice de la *districtio*. Un édit de 861 lui donne même dans un cas déterminé un droit de correction, *castigatio*, sur les hommes dépendant de son autorité:

— « Unusquisque advocatus pro omnibus de sua advoca-
» tione... bannum componat, in convenientia ut cum minis-
» terialibus de sua advocatione, quos invenerit contra hunc
» bannum nostrum fecisse,.. cum necessaria et moderata dis-
» cretione castiget. » — Caroli regis edictum in Carisiaco, a.
861. — Baluze, Capitul. II, 152

Dans ces indications se manifestent en germe les attributions plus importantes qui attendent l'*advocatus* comme principal officier de l'immunité. Il est naturellement indiqué pour exercer sur le territoire de celle-ci la *districtio*. La *juridictio* elle-même ne doit pas lui être toujours étrangère.

Pour ce qui est du *jus distringendi* il faut de toute nécessité que dans l'immunité il passe du *judex publicus* qui ne peut pas pénétrer sur le territoire privilégié, au *judex privatus*, à l'*advocatus* à qui incombe déjà l'obligation d'y saisir le larron pour l'amener devant le *judex publicus*. Une dernière considération confirme nos inductions sur ce point, c'est que, dans la variété des attributions assignées ultérieurement aux *advocati*, le développement de leur rôle s'accentue de plus en plus dans le sens de l'action. A l'*advocatus*, au voué, appartient finalement partout la poursuite des délinquants, la saisie des coupables, l'exécution des condamnés.

— § 31. —

Après avoir dit ce que nous savons du caractère primitif et des fonctions originaires de l'*advocatus* [§ 30], nous allons parler maintenant du développement ultérieur de son rôle. Dans le plan de notre travail [§ 1], c'est aux diplômes du *Gallia christiana* que nous devons emprunter les notions relatives à cet ordre de faits. Auparavant cependant, nous voulons présenter, à titre de premier aperçu, les renseignements qui sur ces matières se dégagent des textes réunis dans le glossaire de Du Cange, auquel nous avons déjà demandé quelques indications sur ce qu'étaient originairement les *advocati* [§ 29].

Il y a lieu de remarquer que les renseignements, assez nombreux du reste, fournis par les textes de Du Cange, sur la condition ultérieure des *advocati*, concernent presque tous une particularité de leur rôle qui était à peine en germe dans leur condition première, l'exercice de la juridiction, *jurisdictio*. Il est dit quelquefois que *l'advocatus* ne peut assister aux plaids que sur la demande et l'appel du *prepositus* de l'Église. Cependant des pièces des XI⁰, XII⁰ et XIII⁰ siècles mentionnent les plaids des *advocati: placitum semel in anno* (1104) ; *placita duo* (1255) ; *tria placita generalia* (XI⁰ et XII⁰ siècles). La juridiction qui est dite leur appartenir est parfois la haute justice, *superior* (1221) ; ou bien la haute et basse justice, *superior et inferior* (1309) ; ou la moyenne justice, *viaria* (1320). Leur compétence est souvent signalée comme embrassant spécialement les causes criminelles, *effusio sanguinis, banni infractio, latrocinium ;* ou du moins le *prepositus* de l'Église ne peut-il en connaître sans la présence de l'advocatus, (1145). C'est la *causa sanguinis* (1256). D'autres fois la compétence de *l'advocatus* est limitée à l'application des peines qui ne dépassent pas 60 sols.

Aux XIII⁰ et XIV⁰ siècles, on trouve les locutions *judicium seu advocatia* (1256), *judicia seu advocatiæ* (1309).

De plus, les *advocati* ont une part dans les produits de la justice, un tiers ordinairement aux XI⁰ et XII⁰ siècles, deux tiers quelquefois (1156).

On voit par ces indications que non seulement la juridiction n'a pas manqué au rôle des *advocati*, mais qu'elle a même fini par y tenir une place importante, et que la juridiction criminelle notamment était tout particulièrement de leur compétence.

Les textes postérieurs au X⁰ siècle réunis par Du Cange, touchant le rôle des *advocati*, ne parlent guère du droit de contraindre, *jus distringendi*, un des premiers que leur ait acquis le régime particulier de l'immunité. C'est que l'exercice de la *districtio* est, comme nous l'avons dit [§ 17], une des conséquences de l'immunité qui ont dû le plus contribuer à engendrer au profit du privilégié et de ses officiers une sorte de *jurisdictio*, et que, l'une se confondant avec l'autre, il n'est plus question spécialement de la première quand la seconde a pris l'importance à laquelle on la voit arriver aux XIe, XIIe et XIIIe siècles.

Nous mentionnerons encore pour mémoire, parmi les indications qui ressortent des textes réunis par Du Cange, touchant le rôle des *advocati* dans ses développements ultérieurs, les levées de deniers que ces officiers opèrent de diverses manières et à divers titres, *præstationes, consuetudines, advocationes*.

Aux XIIe et XIIIe siècles on voit les *advocati* usurper les droits des églises, et celles-ci réduites parfois à la nécessité de racheter ces droits dont elles ont été dépouillées. Conformément à l'esprit et aux usages de l'époque, ces droits des églises étaient souvent tenus en fief par les *advocati* qui souvent aussi les transportaient encore eux-mêmes, à titre d'arrière-fief, à leurs subordonnés, aux sous-voués, *subadvocati*. On trouve alors dans certains lieux un *major advocatus* et un *advocatus (minor)* ou *subadvocatus* (1).

— § 32. —

Les diplômes mentionnant les *advocati* que nous donne de 841 à 1369 le *Gallia christiana* s'accordent pour ce qui ressort de leur teneur avec les indications fournies par les Capitulaires sur le caractère et les fonctions originaires de ces officiers [§ 30], et par les textes réunis dans le glossaire de Du Cange sur les développements ultérieurs de leur rôle [§ 31]. Nous allons présenter dans un ordre purement chronologique des extraits de ces diplômes du *Gallia christiana*, nous en grouperons ensuite les données caractéristiques de manière à

____

(1) On trouve à Metz notamment, à la fin du XIIe siècle, un *major advocatus*, le comte de Dagsbourg, et en même temps un autre *advocatus* (*minor advocatus?*) qui est l'ancien *judex civitatis*. — *L'hôtel du Voué à Metz*, dans les *Mémoires de l'académie de Metz*, 1880, p. 123.

en dégager la signification, au point de vue du sujet que nous traitons ici.

1. — 841. Carolus rex, Nivernensi ecclesiæ : (Immunitatis concessio) « Si que... cause adversus supradicte ecclesie fue- » rint orte canonicos, à proprio distringuntur (sic) episcopo, » nisi... criminalis fuerint actionis, de quibus est ratiocinan- » dum proprio eorum advocato. — Gall. christ. Instrum. XII 297. [§ 2, table n° 45].

2. — v. 848. Pippinus rex, Magnilocensi mon. : (Immunita- tis concessio) « Licet... abbati... advocatum habere qui res... » monasterii diligenter quærat et recipiat. » — Ibid. II, 119.

3. — 850. Carolus rex, Cormaricensi mon. : (Immunitatis concessio) «... Quemcunque... abbas aut successores ejus vo- » luerint eligere advocatum vel causidicum, ad res... monas- » terii inquirendas seu defendendas, liberam... habéant facul- » tatem ; ita ut omnes comites, vel... judices sive fideles ad » quorum placitum vel ante quorum judicium... advocatus » venerit... adjutorium præbeant, talemque potestatem... ad » res... inquirendas sive defendendas habeant qualem decet » in rebus... domino oblatis atque consecratis... » — Ibid. XIV, 35. [§ 2, table n° 62].

4. — 852. Ludovicus, rex germ., Rhinaugiensi mon. : (Elec- tionis advocati concessio) «... Eligant (abbas et fratres) suo... » loco advocatos et defensores nec quisquam omnium sibi » hanc... potestatem præsumat vendicare vel quasi hæredi- » tariam aut aliquo jure debitam invadere. Cujuscunque autem » fidei abbas... non timet committere, eidem nos et successo- » res nostri bannum regale debemus contradere... » — Ibid. » V, 507.

5. — 890. Sancti Martini Turon. mon. : (Notitia) « Ecfredus pre- » positus cum Adalmaro advocato sancti Martini.. in presentia » domini Rotberti comitis et abbatis dixerunt ei quia cano- » nici sancti Martini volebant se reclamare (de rebus eis » ademptis) coram rege Odone... Non erit, inquit (Rotbertus) » opus vobis coram rege reclamationem facere, quia ego sum » eorum abba et ego debeo de aliis justitiam facere... Tunc » Ecfredus extraxit cultellum ex vagina... et dedit illi (Rot- » berto). Ipse autem tetendit cultellum Adalmaro advocato » et dixit ei : Tu debes eum recipere quia advocatus eorum

» es et si necesse erit, tu pugnabis pro eis. Et sic ista reclama-
» tio finem fecit...» — Ibid. XIV, 53.

6. — 918. Ardemaldus Tolosanus episcopus : (Placitum)
« Cum B. qui est missus advocatus, R. comite Tolosa civitatis,
» et marchio... O. comite jenitore (sic) suo una cum abbatibus,
» presbyteris, judices scastrinos (sic) et regimþurgos tam Gotos
» quam Romanos et Salicos qui jussis causam audire diri-
» mere et legibus definire... etc... in mallo publico in castro
» Ausona. —Ibid. XIII, 2.

7. — 920. Carolus rex, Prumiensi mon. : (Immunitatis concessio) «... et ut abbas suos advocatos habeat licentiam sta-
» tuendi, sine regis presentia, in cujuscunque comitis mallum
» voluerit... concedimus.. » — Ibid. XIII, 318. (§ 2, table n° 86.)

8. — 947. Otto rex, Trevirensi ecclesiæ : (Immunitatis concessio) « ... Sufficiat comitem ac advocatum sanctæ Trevirensis
» ecclesiæ, aut in privatis aut publicis negotiis justitiam de
» familia reddat vel exigat infra comitatum, in mallidicis lo-
» cis ; sed sola hæc potestas super.. familiam... ecclesiæ.
» archiepiscopo sit collata et cui indulserit... » — Ibid. XIII,
321. [§ 2, table n° 91.]

9. — v. 960. Altorfii mon.: (Fundationis notitia) « Publicam
» curiam in Altorff, liberum advocatum, officinas suas, mone-
» tam, tabernas, cum omni jure suo, curiam Tuttelheim in
» banno villæ ipsius et justitiam quæ vulgo dicitur masth... »
« (tradidit H. comes) » — Ibid. V, 465.

10. — v. 980. Adalbertus Virodun. comes, sancti Quintini
mon.: (Reedificatio et dotatio) « In his.. rebus, nullus hæredum
» meorum.. nec... homo aliquid accipiat causa consuetudinis
» seu advocationis, non bannum... justitiam... districtionem,
» nisi.. precatu.. abbatis.. » — Ibid. X, 359. [§ 2, table n° 100]

11. — 990. Hugo rex, Aurelianensi ecclesiæ: (Immunitatis
confirmatio) «.. Si aliquis... aliquid abstulit... et hoc prælatus..
» adprobare, advocatis accersitis vel testibus idoneis, potue-
» rit .. integrum quæ sua fuerint recipiat ecclesia... » — Ibid.
VIII, 487. [§ 2, table n° 103].

12 — 1000. R. abbas Monsterolensis mon.: (Advocati institutio) « Comes (Hisdinii) debet esse advocatus et defensor. Si
» vero aliquis ad justitiam abbatis venire renuerit, comes
» cogere debet. — Ibid. X, 283.

13. — 1000. Adalbero Metens. episcop. Senonensi mon.:
(Judicium de Gerardo comite et advocato loci) « Quod....
» S... Senonensis... abbas... graves... fecerit querimonias
» super sui advocati Gerardi comitis injustitiis et violentia...
» Nam invito abbate... placita in possessionculis monasterii
» denunciabat, homines sacramento sibi adstringebat, exac-
» tiones faciebat, intra claustra monachorum cum uxore, cum
» canibus atque suis lixis commanebat, nec à deprædatione
» abbatiæ... abstinebat; tandem... abbas talia deplanxit
» mihi in plenaria fidelium nostrorum corte, recitato ...regis
» Childerici privilegio... Quapropter... decrevi ut secundum
» privilegii sui stipulationem pacifice possiderent quæ reliqua
» illis erat particulam. Insuper generali cortis meæ judicio..,
» examinandum duxi quid expectare deberet quicumque
» advocatus... loci, cui nihil omnino fuit judicatum, extra
» beneficium sibi delegatum, nisi forte ab abbate invitatus ad
» aliquam controversiam terminandam, tunc accipiet ex
» justitiis tertiam (partem)... et... advocatum ab inceptis
» compescui... » — Ibid. XIII, 461.

14. — 1030. Drogo comes Ambianensis, Gemelicensi mon.:
(Privilegiorum confirmatio) « Terram... immunem à con-
» suetudinaria exactione, securam ab exactoria consuetu-
» dine... omnino vacuam... advocatione... (dimittit). » —
Ibid. XI, 10.

15. — v. 1040. Bruno Tullensis episcopus : (Judicium de
querela R. viduæ) « Aut hoc... jurando probaret comes Tul-
» lensis, cum advocato et cœteris moderatoribus legum...
» civitatis. » — Ibid. XIII, 465.

16. — v. 1050. Richardus abbas, Sancti Vitonis Virdun.:
)Judicium) « ...Quidam homo Harvardus (de parentela ho-
» micidarum quorumdam)... veniens in civitate... à domino
» Lethardo (comite)... commendatus est in advocatum cui-
» dam nobilissimo militi Arnulfo de Hattoniscastro. » — Ibid.
XIII, 565.

17. — 1071. Henricus rex, Leodiensi ecclesiæ : (Donatio)
« Dedimus Mont... (etc.)... cum comitatibus, beneficiis, advo-
» catiis, teloniis, monetis, forestibus et omnibus appenditiis
» eorum. » — Ibid. III, 151 [§ 2, table n° 121].

18. — v. 1075. Heriman. Metensis episcop., Sancti Arnulphi

Metens. mon. : (Donatio) « Forum... contulimus, deputatis
» decem solidis inter primicerium, thesaurarium atque canoni-
» cos S. Stephani, et advocatum civitatis... Advocatus... item ac-
» cipit X solidos et tres decani atque scabinio ternos... in
» mercedem sui officii quatinus neque inferri,... neque sinant
» injustitiam... pati... » — Ibid. XIII, 401.

19. — 1084. Philippus Francor. rex, Ribodimontis mon. :
(Fundationis confirmatio) « ...Quæcumque... loco donata
» sunt... monachi... teneant... sine advocatione et absque
» omni consuetudine quam deinceps inde requirat... » —
Ibid. X, 190.

20. — 1087. Robertus Flandr. marchio, Trunchinensi
mon. : (Donatio et immunitas) « Condonans quidquid comita-
» tus et advocationis et redditus... in... possessionibus præ-
» fatæ ecclesiæ habebam. » — Ibid. V, 325. [§ 2, table 125].

21. — 1089. Henricus imp., Reinhartsborn. mon. : (Fundationis confirmatio) «... Advocati tutela, quando... videtur eis
» necessaria, prædictus comes (Ludovicus) sicut ab... fratribus
» est electus advocatus, quamdiu vixerit, permanebit et ex pos-
» teris ejus, qui idoneus huic dignitati fuerit; nullus tamen
» unquam advocatus esse præsumat, nisi quem fratres com-
» muni consilio providerint eligendum... Hic... abbate pe-
» tente a rege accipiat bannum legitimum, et, ter in anno si
» necesse fuerit... quando abbati placuerit, invitatus ab illo
» veniat et ibi placitum justum pro necessitatibus et causis
» monasterii rite peragat. Nullum jus aut beneficium per hoc
» concedi cognoscat nisi tertium bannum et consuetudina-
» riam justitiam, videlicet super fures, proterviam, et cœtera
» talia... nullo modo nisi abbate volente et advocante bona et
» loca monasterii... sine causa adeat... nec in eis placitum
» quodlibet (tenendi) vel pernoctandi licentiam habeat. Nec sub-
» advocatum pro se faciat, nec... calumniam seu pervasio-
» nem monasterio aut familia (sic) faciat... » — Ibid. V, 443.

22. — 1093. Henricus comes palatin. Rheni, Lache mon. :
(Fundatio) «... monasterii familiis et possessionibus præ-
» ficiatur advocatus quod dicitur Dinctvant... — Ibid. XIII,
336.

23. — 1103. Burchardus Basileenssis episcopus, sancti Al-
bani mon. : (Advocatorum institutio) « ... Advocatos super

» prædictas curtes institui... qui homines et res sine... sub-
» advocato... defensare... satagant... Ecclesiam et locum...
» et omnia quæ in banno urbis continentur quæ jurisdictonis
» ipsorum sunt, ordinationi priori et judicio... dimisi, nisi
» cum judicium sanguinis agitur, quod meis officialibus
» judicandum reservavi... » — Ibid. XV, 197.

24. — 1107. Bruno Trevirens. archiepiscopus, Springirs-
bacensi mon. : (Fundatio) «... Nullus... nisi juxta electionem
» (fratrum) advocatus constituatur. Nullus ex hæreditate
» advocatiam loci quærat. » — Ibid. XIII, 339.

. 25. — 1112. Sifridus comes palatinus (Rheni), Lache mon.:
(Advocati institutio) « Cuicunque heredum meorum bona
» mea Lacum circumjacentia obvenerint, hunc advocatum
» sibi fratres assumant... nec alium pro se substituat... De
» placitis... ad advocatum jure pertinentibus, ubi abbas duos
» nummos acceperit, tertius ejus erit, in quo... suscipiendo vel
» in alio quolibet negotio, cum familia ecclesiæ... nullus...
» præerit, nisi ...villicus abbatis. Ad placitum... nunquam
» veniet.... nisi à fratribus... invitatus. » — Ibid. XIII, 340.

26. — 1114. Henricus imp., Murensi mon. : (Fundationis
confirmatio) « ...Comes (de Habsburg)... constituit... ut
» major natu filiorum suorum, commendante sibi abbate,
» advocatiam habeat... qui... bona et constitutam libertatem
» monasterii et justitiam defendere voluerit. Hic..., abbate
» petente à rege accipiat bannum legitimum, et ter in anno
» si necesse fuerit ...invitatus ab illo (abbate) veniat, et ib
» placitum justum pro causis et· necessitatibus monasterii
» rite peragat. Nullum autem aliud servitium jus aut benefi-
» cium sibi pro hoc concedi cognoscat, nisi... tertium bannum
» et consuetudinariam justitiam ; et in illis trium placitorum
» diebus, in unoquoque unum maltrum de frumento et
» unum fruitschingum et unum siclum de vino et cœtera ad
» hoc pertinentia... » — Ibid. V, 513.

27. — 1122. Wilhelmus comes Lucemburgensis, S. Mariæ
Lucemburg. mon. : (Constitutio) « Advocatum... esse... prohi-
» bemus. Si injuria... illata fuerit, a nobis sive posteris...
» justitia requiratur... si in mercato vel foro quisquam pro-
» clamaverit aliquid unde justitia fieri debeat, si pugna
» campi id est duelli adjudicata fuerit, in curia abbatis fiet,

» et ipse abbas duas partes, comes tertiam partem accipiet. »
— Ibid. XIII, 342.

28. — 1125. Megenhardus comes de Sponheim, Sponheim.
mon. : (Fundatio) « ...Advocatum vero quamdiu vixero... esse
» volui. Post mortem vero meam, senior ex filiis meis qui do-
» minus fuerit in Creutzenacht et post eum semper senior de
» cognatione mea comes de Sponheim et dominus de Creutze-
» nacht advocatiam... monasterii gerat. » — Ibid. V, 447.

29. — 1125. Henricus, imp., Lucellensi mon. : (Constitutio)
«... Ut abbas cum fratribus ex parte nostra vel imperii advo-
» catum... sibi instituant... nec aliquis hujusmodi advocatiæ
» bannum a rege vel imperatore suscipiat, nisi qui abbate
» eligente et fratribus petentibus... dignus... videatur. » —
Ibid. XV, 200.

30. — 1126. Stephanus Metensis episc., S. Arnulphi Metens. mon. : (Donatio) « locum Falt.., prope villam nostram
» Rumeliacum... concedimus... Hæc.. concessio...facta est per
» me et Conradum Rumeliaci advocatum, in manus Folmari
» comitis. Et idem comes hoc donum suscipiens reddidit so-
» lemniter... in manibus abbatis et fratrum. — Ibid. XIII,
402.

31. — 1150. Matheus Lotharing. dux et marchio, S. Apri
Tull. mon. : (Constitutio) « Jus... tam abbatis quam advocato-
» rum nostrorum... notabitur... Hoc jus habent advocati in
» curiis abbatis exceptis tribus S... M... D..., exceptis his qui
» sunt de familia abbatis, videlicet ministerialibus et feodatis (1)
» — Ibid. XIII, 505.

32. — 1152. Hillinus Trevir. archiepisc., Romaricensi mon.:
(Constitutio) «... Quando præpositus Vosagi et cancellarii in
» potestatibus placitum tenere voluerint, laudante... advo-
». cato... diem placitandi præfigere debent... » — Ibid. XIII,
» 507.

33. — 1155. Fridericus, imp., Leodiensi ecclesiæ: (Bonorum
et jurium confirmatio) «... Bona... confirmamus... L... cum
» advocatia ;... abbatia montis Cornelii cum... appenditiis

______

(1) Le sens du mot *familia* est déterminé ici d'une manière qui ne laisse
place à aucun doute. Il sert à qualifier le corps des *ministeriales* et des
feodati du seigneur. Dans deux autres textes de 1038 [§ 34 n° 2] et 1147
33 n° 5], le même mot semble s'appliquer aux *ministeriales* seulement

» suis, castra et comitatus, tota terra comitis de Hainou cum
» comitatu et omnibus castris et ecclesia ad eum pertinen-
» tibus; castrum T. cum ecclesia et abbatia et advocatia et mo-
» neta;... castrum S. cum omnibus justitiis suis;.. castrum B..
» cum advocatia;.. castrum H... cum ecclesiis, comitatu, ad-
» vocatia et... appendiciis suis;... castrum G.'.. cum allodio :
» castrum T... cum advocatia et familia (1) et... pertinentiis
» suis; præterea dominicales curias... M... cum... appendi-
» tiis et 'advocatia;... curtim M... cum advocatia;... H...
» cum comitatu et advocatia, et... appenditiis ;... L... cum...
» pertinentiis et advocatiis ;... B... cum... appenditiis et
» teloneo;.. tria allodia R... D... S... cum omni familia; cas-
» trum R... cum omnibus pertinentiis, tam in temporalibus
» quam in spiritualibus, et cum omni familia ; castrum de
» D... cum omnibus in circuitu munitionibus... Jubemus ut
» nullus... hominum quicquam in præfatis possessionibus
» contra voluntatem episcopi... attentare præsumat (2). » —
Ibid. III, 153. [§ 2, table, n° 153].

34. — 1156. Fridericus, imp., Virdunensi ecclesiæ: (Bonorum confirmatio) « Concedimus... Valdentiam... castrum cum
» advocatia et banno. » — Ibid. XIII, 573. [§ 2, table n° 157].

35. — 1180. Fridericus, imp., Coloniensi ecclesiæ: (Donatio) «... partem (ducatus Westphal.)... cum omni jure et juris-
» dictione, videlicet cum comitatibus et advocatiis,.. conduc-
» tibus,... mansis, ...curtibus,.. beneficiis,.. ministerialibus,..
» mancipiis, et... omnibus ad eumdem ducatum pertinen-
» tibus... contulimus. » — Ibid. III, 135. [§ 2, table
n° 174].

36. — 1210. Lutholdus Basileens. episc., S. Ursicini mon.:
(Bonorum et privilegiorum declaratio) «... De omni causa præ-

---

Ailleurs, dans des textes de 1093 [§ 32 n° 22],1112 [§ 33, n° 4] et 1155 [§ 32
n° 33], le mot *familia* paraît avoir un sens plus large, et comprendre
l'ensemble des habitants *servi* et *coloni* du domaine, comme dans certains
exemples que fournit notamment le glossaire de Du Cange.

(1) Le mot *familia* semble désigner dans cette pièce comme dans celle
ci-dessus n° 22 l'ensemble des habitants des domaines. Voir la note précédente.

(2) Dans cette pièce, les mots *justitiæ, moneta, teloneum, comitatus*
désignent des droits fiscaux [§ 21].

» terquam de monomachiâ omnia...vadia... veniunt in manum
» prepositi. Minora prepositus habet pro se. De majoribus...
» quæ sunt lx solidorum pro injuriis quæ vocantur fravail, duas
» partes habet prepositus, tertiam advocatus... De monoma-
» chia,.. diem assignatum debet notificare præpositus advocato,
» ut veniat ad id quod sui juris est exsequendum... De compo-
» sitionibus et vadiis quæ tunc... veniunt in manum advocati,
» neuter sine altero quicquam potest remittere... duas partes
» præpositus, tertiam advocatus habebit. Item cum advocatus
» venerit, vocatus a præposito, propter aliquem contumacem
» quem præpositus coercere non possit, tunc, ambobus simul
» residentibus in judicio, si contumax cogatur satisfacere...
» præposito debent duæ partes et advocato tertia pervenire.
» Ad nullas alias causas audiendas vel judicandas debet advo-
» catus intrare terminos potestatis, hoc solo... cum duobus
» præmissis casibus excepto, quod si forte ad dedicationem
» ecclesiæ, cum ibi est forum annuale, in propria persona pro
» custodia fori venire voluerit; et de iis solummodo quæ ad
» ipsum forum pertinent, et non de aliis, facere justitias tunc
» incumbit... De claustro ministrari debent ibi lx panes claus-
» trales, unus modius vini, unus porcus... et duo modioli de
» avena... Sane cum alias habeat advocatus extrinsecas advo-
» catias super homines ecclesiæ, ubi solet ei juramentum
» fidelitatis præstari, quod tamen sibi infra... dictos terminos...
» non debetur. » — Ibid. XV, 211.

37. — 1214. Conradus, Metens. episc., Metensi capitulo :
(Judicii confirmatio) « Conquesti sunt canonici et Simon ad-
» vocatus (Metensis) de quibusdam hominibus de Hoyo et
» aliis qui teloneum in civitate Metensi eis solvere renue-
» bant. » — Ibid. XIII, 409.

38. — 1226. Willermus, Lausanens. episc. : (Declaratio)
« Excommunicavimus... omnes illos qui... monetam vel ad-
» vocatiam de mensa episcopi Lausanensis... separabunt. »
— Ibid. XV, 163.

39. — 1369. Johannes, Basileensis episc., S. Ursicini mon. :
(Bonorum et privilegiorum declaratio) « ...Præpositus...
» tenet... totam jurisdictionem temporalem seu sæcularem (1).

____

(1) Ce passage du présent titre de 1369 complète les notions qui ressor-

» Ad episcopum Basiliensem spectat ponere vel deponere
» villicum in Sancto Ursicino... qui villicus solum cognos-
» cere potest de iis quæ spectant ad hemburgiam... quum
» emendæ spectantes ad ipsam hemburgiam summam octo
» solidorum non ascendunt... Præpositus... habet jurisdictio-
» nem super omnibus mensuris et ponderibus... vocato super
» dictam coercitionem advocato... vel ejus locum tenente...
» quem etiam vocat... præpositus quum taxat vina et carnes
» vendenda.... Omnes... querimoniæ... in dicta... potestate
» et dominio, excepta sola hemburgia,... spectant ad... præ-
» positum, nomine ecclesiæ... et de ipsis debet audire et judi-
» care; hoc adjecto quod si aliquis... deprehensus fuerit vel
» accusatus de latrocinio seu furto, vel aliquo gravi excessu,
» sicut de monomachia vel duello quod idem est, et aliis gra-
» vibus, propter quæ puniri debeat ultimo supplicio, incar-
» cerari debet, custodiri et teneri in domo seu carceribus...
» præpositi, per unam vel duas dies... et deinde episcopo
» Basiliensi tanquam advocato vel ejus mandato tanquam
» judici sæculari per judicium præsentari... quia tale judi-
» cium non interest judicis ecclesiastici,. vel etiam sacer-
» dotis.....De omni causa præterquam de hemburgia, omnia
» vadia... emendarum... veniunt ad manus præpositi; ita quod
» minora vadia seu etiam minores emendas lx solidis citra
» habet... præpositus... De majoribus vero... quæ sunt lx
» solidorum et supra... duas partes habet... præpositus et
» tertiam partem episcopus Basiliensis ut advocatus... De
» monomachia seu duello... diem et... pro gravibus excessi-
» bus debet notificare ...præpositus episcopo advocato, seu
» ejus mandato, ut veniat ad id quod sui juris est exsequen-
» dum...(et)... de compositionibus et vadiis seu emendis et
» aliis,.. duas partes habeat... præpositus, et tertiam partem
» advocatus... cum advocatus debeat... præpositum tueri et
» vim sibi tribuere... Si advocatus seu ejus mandatum (sic)
» venerit, vocatus à... præposito propter aliquem contuma-
» cem coercendum quem... præpositus coercere non possit,
» tunc ambobus simul residentibus in judicio, si contumax
» cogatur facere justitiam... (de vadiis et emendis) præpo-

tent de quelques textes cités précédemment [§ 8 sub fine] touchant le
transport de la juridiction aux possesseurs.

» sito debentur duæ partes, tertia pars advocato... Ad nullas
» alias causas audiendas vel judicandas, debet advocatus in-
» trare terminos... potestatis, hoc solo, cum præmissis casi-
» bus gravibus, duello et vi tribuenda, excepto... Si... ad dedi-
» cationem ecclesiæ Sancti Ursicini, cum est ibi forum an-
» nuale seu nundinæ,... advocatus... pro custodia... fori, una
» cum ...præposito venire voluerit, de iis solummodo quæ
» ad... forum pertinent... præposito facere justitias... incum-
» bit... Episcopus Basiliensis ut advocatus... et... pater, su-
» perior et defensor tenetur... ecclesiam Sancti Ursicini...,
» prepositum... et capitulum in suis juribus... illæsos cus-
» todire, et super homines et res ipsorum nil juris vel potes-
» tatis seu... juridictionis ...aliter quam dictum est petere
» vel... exercere... » — Ibid. XV, 281.

Ces documents se rapportent les uns à la condition originaire de l'*advocatus*, les autres au développement ultérieur
de son rôle. L'*advocatus* est en principe et, jusqu'à la fin, un défenseur, une sorte de protecteur ou de patron (texte n° 39).
Il est donné quelquefois comme tel à un particulier, dans
certains cas où celui-ci peut avoir besoin de protection, ainsi
qu'on le voit par un de nos titres du milieu du XI siècle (n° 16).
Tels encore peuvent être les *advocati* dont il est question dans un
autre texte de la fin du Xe (n°11). En des termes analogues, mais
avec un caractère plus général, il y a lieu de signaler aussi *l'advocatus* qualifié parfois *advocatus loci* (n° 13), *advocatus curtis*
ou *super curtem* (n° 23); *advocatus civitatis* ou *in civitate*
(n°s 15, 18, 37).

Le rapprochement des expressions *advocatus* et *causidicus*
mérite d'être remarqué dans un texte du IXe siècle (n° 3).
Nous en dirons autant des locutions *liber advocatus* (n° 9),
et *missus advocatus* (n° 6). Mais ce qu'il convient surtout de
constater, au point de vue de la présente étude, c'est la mention de l'*advocatus* désigné par cette simple dénomination
comme fonctionnant dans l'immunité, dont son institution
accompagne souvent la concession ou la confirmation (n°s 2,
3, 7, 8). C'est ordinairement, dans ce cas, un *advocatus ecclesiæ* ou bien *episcopi*, *abbatis*, ou *abbatissæ*.

L'*advocatus* dans l'immunité était originairement accordé
au privilégié, sur sa demande, par le souverain (n°s 10, 26).

Plus tard, on voit le privilégié fréquemment mis en possession du droit d'élire lui-même son *advocatus*, (n°ˢ 3, 4, 7, 21, 24, 29).

Les fonctions essentielles de l'*advocatus* signalées dans nos documents, sont celles que lui assignait naturellement son rôle de défenseur, savoir : prendre en main les intérêts de son client, de ses hommes et de ses choses, *homines et res* (n°ˢ 2, 22, 23, 39); *inquirere, defendere* (n°ˢ 3, 26); *quærere* et *recipere* (n° 2); répondre en justice pour son client ou pour ses hommes, devant le *judex publicus*, le comte (n°ˢ 1, 3, 8); se porter demandeur ou défendeur, *justitiam exigere et reddere* (n° 8); dans le premier cas, il s'agit de provoquer le jugement, et dans le second, de s'y soumettre; soutenir au besoin le combat dans les débats judiciaires, *pugnare* (n° 5); obliger les sujets à se rendre au plaid du seigneur ou possesseur (n° 12), à se soumettre à sa justice, ce qui implique notamment dans une certaine mesure, l'exercice de la *districtio*, de la *coercitio* (n°ˢ 36, 39).

Pour exercer la *districtio*, l'*advocatus* reçoit du souverain le ban, le droit de contraindre, *bannum regis*, ou bien *imperatoris* (n°ˢ 4, 10, 21, 26, 29).

L'exercice direct de la juridiction était originairement interdit à l'*advocatus*, mais sa présence au plaid du possesseur privilégié, évêque ou abbé, était admise moyennant consentement de celui-ci. C'est ce qu'on pourrait déjà inférer de la défense qui lui est faite d'y venir sans cette autorisation (n°ˢ 13, 25, 36, 39). Il semble même que sa présence y est requise quelquefois; l'invitation de s'y rendre est exprimée dans quelques textes (n°ˢ 25, 26, 36, 39), et son approbation de la convocation du plaid, *laudante advocato*, dans un autre (n° 32). Un rôle, dans l'administration de la justice, appartient en outre à l'*advocatus* en certains cas, *de tribus causis, duellum, contumacis coercitio, custodia fori annali* (n°ˢ 27, 36, 39). C'est vraisemblablement un rôle d'exécution, *ad vim tribuendam* (n° 39), comme on le voit. Mais ce n'est pas encore à cela qu'a trait la proposition, *de placitis ad advocatum jure pertinentibus* (n° 25). Ces expressions semblent indiquer l'exercice même de la juridiction. C'est à quoi l'on arrive enfin; et l'on voit l'*advocatus* en possession de tenir positivement les plaids ordinaires, *ter in anno placitum peragat* (n°s 21, 26). Il exerce une sorte de juridiction criminelle, *consuetudinaria justitia super fures et proterviam* (n°s 21, 39). Cette juridiction ne s'étend pas néanmoins sur ceux qui sont de la *familia* du possesseur privilégié, *exceptis his qui sunt de familia abbatis, videlicet ministerialibus et feodatis* (n° 31).

Les droits et autres avantages de l'*advocatus* (n°s 31, 39), *beneficium advocati* (n°s 13, 21), comportent la jouissance de droits utiles : une part dans les produits de la justice, un tiers ordinairement, ainsi le tiers de certaines amendes et compositions (n°s 13, 21, 25, 36, 39), et divers profits ; ce qu'on appelle dans plusieurs textes *advocatiæ* (n°s 17, 33, 36,) ; *advocatiæ super homines ecclesiæ* (n° 36) ; *consuetudo seu advocatio* (n° 10) ; ou bien encore *consuetudinaria justitia* (n°s 21, 26), *consuetudinaria exactio* (n° 14). L'*advocatia* ou *advocatio* paraît être cependant plutôt, dans certains cas, la qualification de l'office lui-même, comprenant ses diverses attributions, ses droits et privilèges (n°s 19, 20, 33, 34, 35, 38).

Les diplômes que nous avons sous les yeux dans le *Gallia christiana* justifient tout ce qu'on peut penser de la tendance naturelle de l'*advocatus* à développer et agrandir abusivement ses droits (n° 13), notamment en cherchant à les rendre héréditaires (n°s 4, 24, 25, 26, 28). Ils montrent également les résistances qui font opposition à ces entreprises (n°s 4, 24). La hardiesse de ces officiers à se porter dans cette direction et leurs excès les font quelquefois supprimer (n°s 14, 19, 27). Certaines églises reçoivent en don leur propre *advocatia* (n° 33), ou bien un évêque en est parfois investi (n° 39) (1). Un des abus qu'on est encore dans le cas de combattre chez les *advocati*, consiste dans la délégation qu'ils prétendent faire parfois de leur pouvoir. De là l'interdiction accidentelle des *subadvocati* (n°s 21, 23).

_____

(1) Cette singulière déviation de l'institution des *advocati* fait revenir à un clerc des attributions, dont l'incompatibilité avec son caractère avait été originairement le motif de la création de ces officiers. Cette anomalie est alors en partie corrigée par la délégation que l'évêque investi d'une *advocatia* est dans ce cas obligé de faire de ces attributions mêmes qu'il ne peut exercer et qu'il remet en conséquence à un commis laïque, son mandataire, *mandatum tanquam judex sæcularis* (n° 39).

En résumé l'*advocatus* a pour attribut caractéristique l'exercice dans une certaine mesure de la *coercitio*, ou *districtio*, auquel se rapportent l'obligation qui incombe à cet officier de « faire la force » pour contraindre en certains cas les sujets du seigneur possesseur, et l'investiture du ban qu'il reçoit du souverain. Quant à la juridiction, l'*advocatus* se la voit d'abord et pendant longtemps interdite ; mais il arrive cependant à s'en saisir, grâce à la fonction qui lui appartient d'y prêter main forte, *vim facere*, quand la justice la réclame : d'exécuter ses arrêts ; de poursuivre enfin la punition de certains crimes ; ce qui constitue en quelque sorte à son profit une juridiction criminelle. L'*advocatus* semble même à la fin en possession du droit de tenir les trois plaids annuels, d'après la teneur de deux textes (n°s 21, 26) que nous avons signalés tout à l'heure.

— § 33. —

Il nous reste maintenant à nous expliquer sur le *villicus*. Cet officier est par excellence l'agent préposé originairement à l'administration de la propriété rurale, chez les grands possesseurs. Son nom est formé sur celui de la *villa* qui est la tête ou le centre du domaine dont il dirige l'exploitation. Nous le trouvons mentionné, avec ce caractère, dans un capitulaire notamment de 813, dont il a été question précédemment [§ 28]. Le *villicus* était un régisseur dans les grands domaines des VIII° et IX° siècles, à l'époque carolingienne. La concession de l'immunité accordée à ces domaines agrandit naturellement le rôle de l'agent le plus spécialement attaché à leur administration. Le *villicus* devient, dans ces conditions, le second de l'*advocatus* dans le territoire de l'immunité. Il est souvent créé par lui. Il le supplée nécessairement quelquefois, et il peut le remplacer. Ses attributions se développent dans le même sens que celles de cet officier. Le *villicus* tend ainsi à prendre l'exercice de la *districtio* sur les terres du domaine privilégié et par conséquent celui de la *jurisdictio*, dans une certaine mesure, conformément aux observations que nous avons faites précédemment à cet égard [§ 32]. Voici quelques textes empruntés aux diplômes du *Gallia christiana*, qui témoignent des ces faits.

1. — v. 500. Clodoveus rex, Miciacensi mon. : (Immunitatis concessio) « Cunctis nostris fidelibus... episcopis, abba-
» tibus, comitibus, missis, vicedominis, vicecomitibus, vica-
» riis, teloneariis, centenariis, villicis.. notum fieri volumus.»
— Gall. christ., Instrum. VIII, 479.

2.—v. 1050. Richardus, S. Vitonis Virdun. mon. : (Sententia)
« Constantiam (monasterii feminam)... lecto suo... copula-
» vit Arnulfus... et quot annis advixit, censum ipsius mulieris
» per villicos... sicut de sua femina S. Vitonus accepit. » —
Ibid. XIII, 560.

3. — 1075. Asnarius vicecomes, Patrician. mon. : (Fundationis relatio) « Villicum suum constituit (abbas). Si... aliquis
» sub potestate abbatis... surrexerit... et abbas et sui queri-
» moniam fecerint villico, debet (villicus)... inquirere et tam-
» diu rem ducere donec satisfaciat abbati, et si reus est,
» justitiam quasi de comprobato. Si vero extraneus vel do-
» mesticus animum vel manum contra jura domus erexerit,
» ipse villicus contra illum vel illos animum et manum erigat;
» et si est placitum, ipse quæ necessaria sunt debet habere, defen-
» sores scilicet et judices et fidejussores (1) ; et si est duellum
» quæ vulgo batalla dicitur, ipse faciat sine lesione et impedi-
» mento abbatis... Ipso... die abbas et omnes qui cum eo fuerint,
» stare et manducare cum villico debent... Propter hoc dedit
» abbas R... villico in villa Patriciani unum casalem et tertiam
» partem justitiæ ac tertiam partem guadii, et in omnibus in
» quibus habent guadium, tertiam partem refectionum... Si
» villicus in abbatem vel in omnibus qui ad jus ejus pertinent
» querimoniam habuerit, vel quilibet de his conquestus ei
» fuerit, ante presentiam abbatis ille villicus veniat, et queri-
» moniam exponat, et abbas atque sui sine fidejussore et se-

(1) La mise en action des *fidejussores* par le *villicus* pourrait se rapporter
à un usage ancien de droit commun, celui précisément auquel correspond
dans les chartes d'immunité la défense de les prendre de force, *nec fidejussores tollendos* [§ 11]. Peut-être s'agit-il ici de *fidejussores* contraints de
donner caution pour le paiement des amendes [§ 11 sub fine]. C'est à
quoi semblent se rapporter aussi les « vadia emendarum », ci-après n° 9. Il
paraît être encore question d'un rôle analogue pour les *fidejussores* dans
un titre de 1210, où est concédée, avec la juridiction, l'exécution « (cau-
» sarum) executionem sub pleno fidejussionis districto. » (Gall. christ.
Instrum. VI, 284).

» cundum justitiam querimoniæ satisfaciant. Si sine culpa
» fuerint, omne damnum secundum dicta legum eis emen-
» detur... Si... villicus... contra hoc surrexerit... villicatio-
» nem perdat. — Ibid. XIII, 153.

4. — 1112. Sifridus comes palatinus, Laci mon. : (Constitutio) « De placitis... ad advocatum jure pertinentibus, ubi
» abbas duos nummos acceperit, tertius ejus (advocati) erit;
» in quo... suscipiendo vel in alio quolibet negotio cum fa-
» milia ecclesiæ (1) peragendo, nullus... præerit, nisi... villicus
» abbatis. » — Ibid. XIII, 340.

· 5. — 1147. Humbertus Bisuntin. archiep., S. Johannis
Bisuntin. mon. : (Constitutio) « Familiæ nostræ (2) consilio
» et assensu, Petri videlicet camerarii, M. panetarii et H. ejus
» filii, H. dapiferi et G. ejus filii, S. dapiferi et G. ejus filii,
» Petri villici ac magistri monetarii, G. marescalli... conce-
» dimus... » — Ibid. XV, 36.

6. — 1163. Henricus Tullensis episcopus, Tullensi ecclesiæ et sancti Mansueti mon. : (Constitutio) « Archidiaconus
» et archipresbyter ecclesiasticam justiciam... super paro-
» chianos exerceant præter ministeriales, scilicet villicum,
» decanum et scabionem. » — Ibid. XIII, 516.

7. — 1210. Lutholdus Basileensis episcop., S. Ursicini
mon. : (Jurium et bonorum recensio) « In potestate quatuor
» sunt villicaturæ... Ad villicos pertinet justitias facere de iis
» quæ pertinent ad hemburgiam, et non de aliis nisi de vo-
» luntate prepositi... Episcopales reditus et canonicorum re-
» quirere debent et colligere... et qui solvere noluerint ab
» eis cogendi sunt, salvo jure prepositi ad quem noscuntur
» vadia pertinere. » — Ibid. IV, 211.

8. — 1220. Canonici S. Johannis Bisuntini et fratres
hierosolymitani : (Conventio) « Justicias... terminare, causas
» definire, neque... fratribus sine canonicis, neque cano-
» nicis sine... fratribus licitum est. De lege XII denariorum
» tres nummos accipit villicus, de lege III solidorum et su-
» pra, pro vini sextario, sex nummos. » — Ibid. XV, 62.

(1) Le mot *familia* semble désigner ici l'ensemble des habitants du domaine. Voir une note donnée ci-dessus [§ 32 n° 31].

(2) *Familia archiepiscopi* ou *ecclesiæ* désigne ici le corps de ses *ministeriales* (ci-après n° 6). Voir la note donnée ci-dessus [§ 32, n° 31].

9. — 1369. Johannes Basileensis episcopus, sancti Ursicini mon. : (Bonorum et privilegiorum declaratio) « Præpositus...
» tenet... totam jurisdictionem temporalem seu sæcularem...
» Ad episcopum Basiliensem (qui est advocatus monasterii)
» spectat ponere vel deponere villicum in sancto Ursicino...
» qui villicus solum cognoscere potest de iis quæ spectant ad
» hemburgiam... quum emendæ spectantes ad ipsam hem-
» burgiam summam octo solidorum non ascendunt... Omnes
» querimoniæ... excepta sola hemburgia... spectant. ad...
» prepositum, nomine ecclesiæ... et de ipsis debet audire et
» judicare.. De omni causa præterquam de hemburgia, omnia
» vadia... emendarum... (1) venient ad manus præpositi. » —
Ibid. XV, 281.

Ces textes nous montrent le *villicus* dans le domaine privé et dans l'immunité. Nous l'y voyons institué par le seigneur (évêque ou abbé) (n° 3), ou par l'*advocatus* (n° 9); occupant le bas de l'échelle, souvent le dernier rang dans l'énumération des fidèles, *fideles regis* (n° 1). Il figure dans la *familia* c'est-à-dire parmi les *ministeriales* du seigneur (n° 5), et se groupe avec ceux-ci, à côté du *decanus* et du *scabio* ou *scabinus*, lesquels sont nommés après lui seulement dans certaines chartes, (n° 6). Il porte quelquefois l'office de *magister monetarius* (n° 5). On trouve parfois plusieurs *villici* dans un corps de domaines, *potestas*, divisé en plusieurs *villicaturæ* (n° 7).

Le *villicus* exerce, *cogendo*, une sorte de *districtio* dans la perception des revenus du seigneur (n° 7) ; dans la levée du *census* ou de la *capitatio* (n° 2), dans celle des amendes, *justitiæ* (n°⁵ 4 et 7). Il fait la force, *manum erigit* (n° 3) ; il poursuit satisfaction pour le seigneur, soit par la force, soit au plaid, où lui sont donnés des *defensores, judices* et *fidejussores* (n° 3). Il préside pour le seigneur à la bataille ou duel judiciaire (n° 3).

Dans l'exercice de la *jurisdictio*, le *villicus* ne va souvent pas plus loin qu'à recevoir la plainte *querimonia*, et à faire l'enquête *inquirere* (n° 3). Il faut cependant observer à ce point de vue le rapprochement du *villicus* et du *scabinus* ou

(1) Voir à ce sujet une note concernant les *fidejussores*, ci-dessus n° 3.

des *scabini* qui sont des juges (n° 6). Une juridiction inférieure, *hemburgia*, lui est quelquefois assignée (n°s 7, 9).

Le *villicus* a dans certains cas une part, un tiers ordinairement, des amendes ou fruits de la justice, *justiciæ, vadia
emendæ* (n°s 3,4, 8, 9).

Les différends que le *villicus* peut avoir, soit avec le seigneur, soit avec les hommes du domaine, se vident devant le
seigneur lui-même (n° 3).

— § 34. —

Les diplômes fournis par le *Gallia christiana* dont nous
venons de donner des extrait touchant le *villicus* [§ 33] sont
peu nombreux, mais déjà fort instructifs. Pour étendre nos
informations sur ce sujet, nous ajouterons à ce qui précède
l'analyse de quelques documents du même genre, du Xe siècle
au XIIIe, empruntés à d'autres sources encore :

1. — 963. Otto rex, S. Maximini Trevir. mon.: (Constitutio)
« Advocatus... duo placita in anno teneat... Ad unum... pla-
» citum villicus advocato pro servitio dabit XXX denarios
» ...ad secundum... tantum... quantum ad primum et non
» plus. — Beyer, Urkundenbuch Mittelrheinisch., I, 273.

2. — 1038. Poppo Trevir. archiep., S. Mathiæ Trevir.
mon.: (Constitutio) « Nullum... centurionem (1) absque...
» abbatis fratrum ve consensu ac legali familiæ (2) electione
» perficiendum esse censui. » — Beyer, Urkundenbuch,
I. 365.

3. — 1051. Richiza regina, Browiller mon.: (Donatio) « (In
» prædio Closteno ab ipsa donato) nullus, aliquam potesta-
» tem habeat nisi abbas et villicus ejus quem constituat..;
» et si villicus vel de ædificiis, vel de agricultura placi-

(1) Nous trouvons encore dans 2 titres donnés plus loin n°s 6 et 12 sous
les dates de 1110 et de 1160, le mot *centurio* employé pour *villicus*. Le texte
de 1110 « Jura centurionum id est villicorum » ne laisse aucun doute
sur cette synonymie. D'un autre côté, *centurio* qui est l'équivalent de
villicus le serait aussi du *tunginus* de la loi salique, d'après une observation consignée ci-dessus dans une note relative à un texte de 1070
[§ 23, n° 1]. Ces rapprochements peuvent avoir leur utilité.

(2) Le mot *familia* désigne vraisemblablement ici le corps des *ministeriales* de l'abbaye, conformément aux observations consignées dans une
note donnée ci-dessus [§ 32 n° 31].

» tum ibidem habuerit, nullam inde partem vel justitiam
» quærat advocatus...; similiter de placito quod vocatur Budi-
» neck. » — Lunig, Reichs archiv. Spicil. eccles., II, 124.

4. — 1056. Henricus imp., S. Maximini Trevir. mon. : (Constitutio) « Propter... culpam vel querimoniam in placitis
» abbatis id est budingun dominicata vel publicata (bona)...
» abbatis erunt. Advocati... servitia in curtibus in quibus jure
» dabuntur cum villicis et scavionibus accipiant... Si quis
» ex villanis vel mansionariis... censum debitum... ad usum
» fratrum... neglexerit... statim, sequenti die, villicus abbatis
» vadimonium de domo ipsius sine advocato tale accipiat,
» cum quo illud quod ipse ad servitium debuit fratrum
» plenissime persolvat. » — Beyer, Urkundenbuch, I, 401.

5. — 1095. Henricus comes, Echternacensi mon. : (Constitutio. De jure advocati) « Nullus advocatus debeat habere
» placitum et servitium, nisi pro monomachia et sanguinea
» percussura et scabinis constituendis, nisi fuerit invitatus
» ab abbate, vel preposito, vel ab aliquo qui justitiam obti-
» nere non potuerit à preposito vel villico ; et à quo invitatur,
» ab eo servitium accipiat... Quicquid in placitis deponitur,...
» qui deponit misericorditer ab exactore vel villico, assi-
» dente advocato vel ejus ministro, cum scabinorum con-
» silio disponatur. » — Beyer, Urkundenbuch, II, 22.

6. — 1110. Henricus imp., Paschali papæ : (Conventio)
« Dominus papa præcipiet episcopis... ut dimittant regalia...
» id est civitates, ducatus, marchias, comitatus, monetas,
» teloneum, mercatum, advocatias, omnia jura centurionum
» id est villicorum, turres et villas quæ regni erant, cum om-
» nibus pertinentiis suis, militiam et castra... » — Dode-
chini appendix ad Mariani Scoti chronicon. Basileæ, s. d.
(1559).

7. — 1140. Conradus imp., Stabulensi mon. : (Constitutio)
« Generalis curiæ nostræ... consilio... judicari fecimus quod
» nullus judex qui vulgo scultetus dicitur, nullus villicus qui
» vulgariter major vocatur ministerium suum... retinere va-
» leat, nisi... cum gratia abbatis..., nec filius post obitum pa-
» tris per hereditatem repetat. » — Martène, Amplissima
collectio, II, 110.

8. — 1143. Reginaldus comes, Mauri monasterii mon. : (Dona-

tio villæ Laubach) « Ad investituram villico vini sextarium,
» et de banno curiæ sextarium dabitur. Ipse villicus mansum
» cum omnibus justitiis habebit. Porro in Natali domini curiam
» visitabit et XII panes, IV sextaria vini et unum porcum
» quem pascalem vocant apportabit. » — Grimm, Weisthümer, V, 536.

9. — 1145. Conradus imp., Marsnensi mon.: (Constitutio)
« De reditibus sancti Remigii per villicum et scabinum placi-
» tabit præpositus, sine advocato. » — Du Cange, Glossarium,
I, 107, 2.

10. — v. 1150. Coloniensis ecclesiæ statuta : « Jura minis-
» terialium beati Petri in Colonia ab antiquo ordinata. — Advo-
» catus Coloniensis... XII curtes... sua habebit potestate et
» procuratione, ut villicos in eis ponat et deponat prout domino
» suo expedire viderit... (in aliis) de villicis pro sua voluntate
» ordinet et disponat (archiep.). » — Grimm, Weisthümer, II, 749.

11. — 1157. Fuldensis monast. Statuta : « Villicatio nostra
» in Hottenhusen... multorum... violentia... cum devastare-
» tur... ipsam duci Saxoniæ Henrico... in tutelam commisi-
« mus... etc. » — Lunig, Reichs archiv. Spicil. eccles., IV, 157.

12. — 1160. Fridericus imp., Babenbergensi ecclesiæ: (Sententia) « Nobis in curia.. Babenberg pro tribunali sedentibus,
» ...fidelis imperii nostri Rapoto de Abenberg advocatus burgi
» Babenbergensis, idemq. Babenbergensis ecclesiæ beneficio
» comes in Rangowe, conquestus est de domino suo Wurzebur-
» gensi episcopo Gebehardo... quod in præfato comitatu, occa-
» sione ducatus sui, plurima sibi ex indebito jura vendicaret
» ut puta allodiorum placita, centuriones ponere (1), de
» pace fracta judicare, et alia... Ex sententia omnium proce-
» rum sacri nostri palatii qui aderant... decidimus... confir-
» mantes... Babenbergensi episcopo suisque successoribus...
» ac comiti Rapotoni... tam ea... quam alia plenarie comitatus
» jura in prædicto comitatu... et aliis comitatibus... imperiali
» beneficio ad... dictam Babenbergensem ecclesiam pertinen-
» tibus. » — Lunig, Reichs archiv. Spicileg. eccles. III, 25.

---

(1) *Centuriones* c'est-à-dire *villicos*, suivant une note consignée ci-
dessus n° 2.

13. — 1163. Theodoricus Flandriæ comes, Sancti Petri Gandensis mon.:(Invadiatio) « Abbas Sancti Petri Gandensis Walte-
» rus à Jordano villico suo de Anetirs, consentientibus... filiis
» suis... et... propinquis eorum, ea quæ idem Jordanus ab ab-
» bate... hactenus... habuit, feodo suo tantum excepto,.. inva-
» diavit... : Batores quos in horreo de Anetirs constituit...
» groia... stramen... fimum... culturas... (etc.) (1). » —
Warnkönig, Flandrische staats und rechtsgeschichte, Tubingen 1842, III, Urkund. p. 39.

14. — 1163. Fridericus imp., Rupertzberg mon.: (Constitutio) « Decernimus.. ne aliqua imperii nostri magna vel parva
» persona, nullus judex, nullus comes, nullus advocatus, nullus
» villicus, nullus publice functionis exactor in possessionibus...
» cœnobii aliquam collectam exigere vel actionem facere
» contra voluntatem abbatisse vel dominarum presumat. » —
Beyer, Urkundenbuch, I, 694.

15. — 1165. Reinoldus Coloniensis archiepiscopus, Medebach
civitati : (Constitutio) « Quodcunque negotium coram præ-
» posito nostro vel decano terminatum fuerit... in... stabili-
» tate manebit... Quod vero coram advocato terminatur, sub
» regis banno et civium testimonio ratum habemus... Causa
» quæ coram villico vel coram judice cottidiano terminata
» fuerit, civili justitia, stabilis et rata manebit et coram ad-
» vocato nihil amplius de ea re debet retractari. Quicquid de
» capitali sententia tractabitur, ad justitiam advocati pertinet.
» Concedimus etiam vobis ut judices eligatis qui de furto infra
» XII nummos inter vos debeant judicare... Quod autem de
» majore furto judicandum est infra XXX nummos, villicus
» noster sine banno cum civibus judicare debet et tertia pars
» emendæ pertinet ad judicem. » — Grimm, Weisthümer
III, 73.

16. — 1170. Fridericus imp., Geilnhausen civitati : (Constitutio novæ villæ) «Nullus advocatus ibi exercebit justitiam,
» sed solus imperator et ejus villicus justitiam villæ manu
» teneat. » — Lunig, Reichs archiv. Pars special., IX, 784.

17. — 1212. A. de Aldenarde et W. villicus de Wodeke :

(1) Cette charte contient de nombreux mais infimes détails que nous
omettons, sur les droits du *villicus*. Il en est de même de celles ci-après
nos 23 et 25.

» (Conventio) « Sub tali forma pacem fecimus... VI bonaria
» in nemore de Lescines quæ de jure suo reclamabat absolute
» mihi libera clamavit... In ancillis... et servis quos possi-
» debat... nihil juris se habere cognovit... Deinde secundum
» quod dictus W. homo est et villicus ecclesiæ de Enda, debeo
» ei salvare tenuras suas... medietante justitia...(Testes)... si-
» gna hominum ipsius Willelmi dicti, villici de Wodeka. » —
Warnkönig, Flandrische staats und rechts geschichte, Tubingen 1848, III, Urkund. p. 43.

18. — 1213. Cono prepositus sancte Marie Lausanensis,
villæ Crans : (Statutum) « Fecit Cono prepositus jurare
» apud Crans Valcherum villicum... et alios de Crans... ea
» que P. sacerdos de Crans et villicus antiquitus recogno-
» verant... Colungia Tieberti de Sumba villa debet capitulo
» 8 s. de placito, in mutatione vassalli, in quibus nil habet
» prepositus, sed villicus habet quartam partem... Villici de-
» bent lectum integrum, quotiescunque domini veniunt. »
— Grimm, Weisthümer, V, 3.

19. — 1221. Prepositus sancte Marie Lausanensis, villæ
Sancti Prex : (Statutum) « De jure capituli et de feodo maiorie
» recognitum fuit... quod dominium totius ville... est capi-
» tuli, videlicet fures, proditores, et banni, et leges (1)... Si ca-
» sale vel terra est sine cultore vel tentore, non debet se intro-
» mittere de eis maior sine consensu capituli, sed capitulum
» debet ea abergier (sic) com consilio villici (2). Villicus vero
» receperat eodem anno feodum villicationis à C. preposito...
» .... Recognitum fuit quod hec sunt de feodo maiorie...
» (etc.)... Maior debet sequi pro posse suo predam ville et
» omnia ablata... » — Grimm, Weisthümer, V, 5.

20. — 1225. Capitulum Lausanense, et P. villicus de Es-
sertines : (De discordia inter eos pacificata super quibusdam
consuetudinibus). « ... in messibus debet ire villicus com
» nunciis capituli... et docere decimam et terragium capi-
» tuli... (etc.)... » — Grimm, Weisthümer, V, 7.

21. — 1226. Sibodo prepositus sancti Alberti et alii, Por-
cetensi mon. : (Statutum... de jure abbatissæ et advocati in

____

(1) Amendes pour violation de la loi. Voy. ci-dessus [§ 33, n° 8].
(2) Le *major* et le *villicus* semblent être différents d'après ce texte.

Porceto hodie Burtscheid) « Homines de Porceto in prædio
» sancti Johannis manentes fidelitatem debent facere abba-
» tisse, et ipsa abbatissa villicum habere debet, qui placita fa-
» ciat et conservet. Et de placitis advocatus... tertiam partem
» recipiet, quia violentias emendabit. » — Grimm, Weisthümer, IV, 797.

22. — 1230. Abbas S. Petri Gandensis : (De jure villici
compositio) « Quando præpositus colligit... denarios mansio-
» num sive culturæ... debet villicus comedere cum scabinis....
» Quando colligitur decima agnorum debet habere villicus
» solum agnum... Quando colliguntur denarii de mansuris
» et... redditus de H... et de A... et cum ipse villicus pro-
» mulgat edicta in facie ecclesiæ... et quando pandat cum
» scabinis... nihil habebit... nisi prandium sine vino.... Si
» aliquis sit in forefacto erga præpositum... villicus eum
» arestare et capere poterit sine præposito vel nunciis suis
» et sine scabinis ; sed debet ipsum custodiæ præpositi com-
» mendare.... Si aliquem arrestari contigerit per scabinos
» et villicum pro debito, villicus debet eum custodire donec
» scabini judicium de eo dixerunt... Si... aliquis pro forefacto
» nondum à scabinis judicato... captus fuerit, villicus eum
» tenebit in prisonia sua per tres dies. Tertia vero die eum
» debet ducere coram præposito et scabinis... Si aliquis
» manens... petat aliquem arrestari secundum legem villæ,
» villicus debet illam facere arrestationem... » — Warnkönig,
Flandrische staats und rechtsgeschichte, Tubingen, 1842,
III, Urkund., p. 46.

23. — 1232. A. Abbas S. Petri Gandensis, Eustachio villico de Leden : (Compositio) « De jumentis... instrumentis
» aratricis.. (etc.) debet præpositus duas partes sumptus et
» villicus tertiam... providere... Ita quod præpositus duas
» partes annonæ de agro dominico et omnes decimas, excepto
» quod villicus pro decima easdem decimas carriabit.. De
« minutis etiam decimis... villicus decimam partem habe-
» bit... (etc.): — Warnkônig, Flandrische staats und rechts
» geschicte, Tubingen, 1842, III, Urkund. p. 47. »

24, — 1235. Fridericus imp., S. Gregorii, mon. : (Constitutio de juribus advocati) «... Cum de jure haberemus in
» valle S. Gregorii unam partem judicii advocatiæ et collec-

» tarum, et monasterium... haberet reliquas duas partes,...
» abbas et conventus... præfatas duas partes... nobis et
» imperio donaverunt, salvis villicationibus, aliis que juri-
» bus... » — Lunig, Reichs archiv. Spicileg. eccles. V, 1101·

25. — 1249. S. R. et Th. arbitri inter S. Petri Gandensis ecclesiam et Margaretham majorissam curtis de Diele et
ejus maritum : (Sententia) « Super jure dictæ majorissæ...
» et ejus mariti... in Curte de Diele ratione majoriæ...
» majorissa et ejus maritus debent habere in qualibet cul-
» tura curtis... V. jornalia terræ... tertium flagellum in
» grangia de Diele... pro collectione et deductione decimæ
» de Diele in horreum debent decimam gerbam præcipere...
» (et).. duo jumenta... (etc.) » — Warnkönig, Flandrische
staats und rechtsgeschichte, Tubingen 1842, III, Urkund.
p. 51.

26. — v. 1250. Curie Lebrahe apud S. Ypolitum (al-
sat.) jura : (Statutum) « Ad.. curiam pertinet una custo-
» dia... in... Altenberg. Illam... custodiam habet conferre
» villicus... curie duobus hubariis... quicunque hubarius ad
» curiam pertinens qui non ad conventionem pactionis id est
» ding interfuerit, ille solvet villico predicto 2 s. denariorum ;
» si non dederit censum suum, etiam solvet 2 s. d. villico. Si
» neglexerit se novies in predicta pactione id est ding quod
» non comparuerit, tunc villicus habet illud jus quod ipse
» massem id est huobam pertrahere debet cum libera manu
» in potestatem curie. » — Grimm, Weisthümer, V, 389.

27. — v. 1250. Abbatissæ S. Stephani jura in villa Wi-
belsheim : (Statutum) « Domina abbatissa debet habere
» villicum residentem in.. curia... Curia debet habere certum
» preconem. Ille debet à mansionariis eligi et à villico... con-
» titui... Villicus... debet colligere census, et quisquis... ne-
» gligit... dimidios census... debet recipere jus quod dicitur
» ein wette. » — Grimm, Weisthümer, V, 419.

28. — 1259. J. Abbas S. Petri Gandensis, et Gertrudis majorissa de Erpe et filius ejus : (Conventio) «... Ger-
» trudis et ejus heredes habebunt perpetuo terras nostras
» arabiles et prata, pascua, aquam, et boscum... pro XII modiis
» bladi... Præterea... habebunt quintam garbam... in censu...
» Persolvent avenam ad opus equorum... abbatis sancti Petri

» Gandensis ac ejus familiæ (1)... quoties... abbas gistam
» suam ibidem acciperet... semel in anno... Quum præpositus
» (noster) ibidem placitare voluerit, debet hoc intimare ma-
» jori... curtis... et... major debet diem placiti in ecclesia
» publice proclamare, ad quam... præpositus veniet vel ejus
» baillivus, et placita sua tenebit, et major... scabinos loci
» ponet in banco... et quum fuerit hora placitandi, præposi-
» tus... dicet majori ut quærat à scabinis si fuerit hora placi-
» tandi aut non. Et si dixerint quod hora sit, major debet
» firmare placita quod vulgariter dicitur *bannen*. Hoc facto si
» aliquis volens aliquam quærimoniam deponere adversus
» alium vel justitiam petere de aliqua re, debet hoc à præpo-
» sito... petere et tunc... debet major de mandato præpositi...
» scabinos loci super eisdem submonere. Et si aliqua do-
» minus omitteret in placito, in quibus major sciret suum jus
» sive domini, debet hoc major domino intimare et tunc domi-
» nus inde debet placitare... Si aliquis... voluerit relevare ter-
» ras suas,... vel werpire bona sua, debet præpositus in presen-
» tia majoris et scabinorum illi qui acquisiverit, praemissa
» conferre... salvo jure majoris. Et si major nolet interesse
» vel non posset dictæ collationi seu werpitioni... præpositus...
» posset alium substituere... salvis sibi sex denariis ad cero-
» thecas... Major... in absentia præpositi vel baillivi sui
» malefactores arrestare potest et de quærimoniis accipere
» securitatem usque ad diem placiti... Gertrudis et ejus here-
» des tertium denarium debent habere de omnibus forefactis
» judicandis... Quando... aliquis... voluerit vendere terram
» suam sive bona sua, seu werpire, major debet hoc procla-
» mare publice in ecclesia et inde habere IV denarios... Præ-
» terea... Gertrudis vel ejus heredes debent dictam curtim,
» cum terris, pratis, pascuis... bosco... sibi à nobis pro dicto
» censu collatis in solemne feodum à nobis et ab ecclesia nos-
» tra perpetuo tenere et possidere... » — Warnkönig ; Flandrische staats und rechtsgeschichte, Tubingen 1842, III, I,
Urkund. p. 15.

29. — 1279. A. et G. arbitri inter abbatem Prumiensem
et H. dominum de Schonecke : (Sententia) « Quando placitum

(1) *Familia* c'est-à-dire les *ministeriales*, comme ci-dessus, n° 2.

» de Bassello fuerit tractandum... abbas... diem... assignabit...
» et... per... abbatem,... assidente domino de Schonecke ad-
» vocato Ecclesie,... placitabitur. Et per eos... secundum sen-
» tentias scabinorum et aliorum qui de jure... judicare debe-
» bunt... placitum.., tractabitur... Item placita annalia et
» cotthidiana in singulis curtibus abbatiæ... et advocatiæ...
» sculteti sive villici... abbatis singularum curtium placita-
» bunt... per sententias scabinorum curtium... Et... statuit...
» abbas scultetos sive villicos... Manebunt que... quamdiu...
» abbas eos in... officiis voluerit sustinere... Abbas... sculte-
» tum... dominus vero de Schonecke... advocatum... (insti-
» tuat)... Item dicimus debere fieri in villa de Sueych ab
» officiatis superioribus per... abbatem et dominum de Scho-
» necke... instituendis, sive villici, sculteti, advocati vel
» alio nomine nuncupentur,... scabinis et fide dignioribus...
» ville, aliis que fidelibus... abbatis et domini de Schonecke... .
» convocatis... — Grimm, Weisthümer, II, 512.

Les renseignements fournis par les documents précédents
empruntés à des sources diverses s'ajoutent utilement aux
informations tirées des capitulaires et des diplômes assez
rares malheureusement du *Gallia christiana* qui mentionnent
le *villicus* [§ 33]. Ils s'accordent parfaitement avec ces informations et les complètent.

D'après ces premières informations le *villicus* nous appa-
raissait comme un officier particulier du seigneur ; institué
par celui-ci sur son domaine, pour l'administrer, en diriger
l'exploitation, en percevoir les revenus, même en usant de la
contrainte ; exerçant à cet effet dans une certaine mesure la
districtio ; poursuivant les intérêts du seigneur en justice
c'est-à-dire au plaid; recevant plainte, faisant enquête, agissant
dans certains cas avec les *scabini* qui sont des juges ; bénéficiant enfin d'une part dans les fruits de la justice. Nous l'a-
vons vu figurer dans la catégorie des *ministeriales ;* il est
quelquefois institué par l'*advocatus* [§ 33].

De nouvelles indications viennent maintenant se joindre
à celles-là, dans les termes suivants. L'office du *villicus* est
dit *villicatio*, dans quelques-uns des textes que nous avons
donnés (n⁰ˢ 11, 19, 24), ou *majoria* (n⁰ˢ 19, et 25,). Quand
à l'officier lui-même il y est qualifié le plus souvent *villicus ;*

mais quelquefois aussi, aux époques les plus anciennes, il est nommé *centurio* (1) (n°s 2, 6, 12), et ultérieurement, *major* ou *maire* (n°s 7, 19). On trouve même la qualification *majorissa*, quand l'office est entre les mains d'une femme (n°s 25, 28). Nous rencontrons un *villicus imperatoris* (n° 16).

Le *villicus* est un *judex* ; il est rapproché de l'*exactor publicæ functionis* (n°s 5, 14). Il est élu quelquefois par la *familia* (2) (n° 2) ; il est institué par le seigneur (évêque ou abbé) (n°s 3, 29), par l'*advocatus* dans ses *curtes*, (n°s 10, 12). Il administre le domaine (n° 26). Il surveille l'exploitation et y participe (n° 23), *curiam visitat* (n° 8), *terragium et decimam indicat* (n° 20), *placitum habet de ædificiis et de agricultura* (n° 3). Il perçoit les revenus, les cens (n°s 4, 9, 27,) et les dîmes (n°s 23, 25).

Pour opérer ces recouvrements et contraindre dans ce cas au paiement ceux qui doivent l'effectuer, le *villicus* exerce une sorte de *districtio* (n°s 4, 9, 27), dont il use également pour obliger les habitants à se rendre au *placitum* (*ding*)(n°26), pour exécuter les saisies, arrêter les débiteurs, les criminels, qu'il peut retenir dans une prison qui est sienne, *prisoniam suam habet* (n° 22). A lui incombe dans certains cas l'obligation de poursuivre les voleurs et déprédateurs, (*absente preposito*) *malefactores arrestat* (n°s 19, 28). Il juge les vols de peu d'importance, au-dessous de 30 deniers par exemple (n° 15).

Le *villicus* paraît avoir eu parfois les mêmes fonctions que le *scultetus* (n° 29) ; il a un rôle d'exécution au sein de la seigneurie. Il fait les proclamations et les publications, *proclamat edicta* (n° 22), *proclamat placita in ecclesia* (n° 28), *pandat* (n° 22). Il institue le *præco* élu par les habitants (n° 27).

Le *villicus* agit judiciairement pour le seigneur, ou son représentant, et participe au régime de la justice échevinale : *cum villicis et scavionibus* (n° 4), *per villicum et scabinum placitabit præpositus* (n° 9) ; il fait les semonces ou sommations, institue le plaid en y installant les échevins et en y mettant le ban, surveille les débats pour y faire observer la règle et

(1) Voir au sujet du *centurio* une note jointe à un texte donné ci-dessus [§ 34 n° 2].

(2) Sur la *familia* voir une note donnée ci-dessus [§ 32 n° 31].

en suit la procédure: *submonet et ponit scabinos in banco* (n° 28); *placitum firmat sive bannit* (n° 28) ; *placitum facit et conservat* (n° 21) ; *placitat per sententiam scabinorum* (n° 29) ; *securitatem accipit de querimoniis usque ad placitum* (n° 28).

Le *villicus* préside aux actes de mutation de la propriété, *presentibus majore et scabinis fiunt venditio et werpitio* (n° 28).

Les charges imposées au *villicus* sont notamment l'obligation de procurer pour une partie les chevaux de culture et les instruments aratoires (n° 23), de faire certaines fournitures (n° 8), pour le seigneur parfois ou son *præpositus* (n° 28), de donner le lit pour le seigneur par exemple (n° 18). Il opère le paiement du *servitium* dû à l'*advocatus* (n°s 1, 4).

Les avantages et profits assurés au *villicus* sont la jouissance de quelques portions du domaine, *mansus cum omnibus justitiis* (n° 8), *terras* (n°s 25, 28), *nemus* (n° 17) ; un fief, *feodum* (n°s 13, 19, 28) ; des parts de dîmes (n°s 23, 25) et de cens (n° 28), un agneau par exemple (n° 22), un manger, *prandium*, dans certaines circonstances (n° 22), des parts d'amendes (n° 26), un tiers des forfaits (n° 28), le vin lors des vestures, *sextarium vini ad investituram* (n° 8), certains droits à l'occasion du changement d'un vassal *in mutatione vassalli* (n° 18).

Dans ces documents, s'accuse encore la tendance du *villicus* aux empiétements visant à l'extension de ses droits; ses tentatives, par exemple, pour retenir l'office malgré le seigneur (n° 7), pour le rendre héréditaire dans sa descendance (n° 7), pour s'emparer de certaines parties du domaine (n° 17): entreprises auxquelles on le contraint quelquefois de se reconnaître obligé de renoncer (n° 17).

Cependant l'hérédité de l'office du *villicus* finit quelquefois par prévaloir. L'office peut même, on en a des exemples, passer à une femme, *majorissa* (n°s 25, 28). Il est, ce semble, dans certains cas, tenu en fief, *feodum majoriæ*, *feodum villicationis* (n° 19). Il y a lieu de faire observer cependant que le *feodum majoriæ* ou *villicationis* pourrait être parfois, non pas l'office lui-même, mais un fief accordé en raison de celui-ci au titulaire qui en était pourvu (n°s 13, 28).

Nous ferons remarquer dans les dernières phases du développement pris par l'office du *villicus* ou *major*, d'après ces indications, les points de ressemblance qu'il présente avec ce qui concerne la mairie ou l'office des trois maires à Metz, dont nous avons fait ailleurs une étude particulière (1). Nous avons eu alors occasion de signaler le rôle de ces officiers dans l'exercice de la contrainte, dans les saisies, dans la garde des prisonniers, dans la semonce ou assignation à comparaître en justice, dans le plaid lui-même où ils sont associés aux échevins, dans la semonce ou convocation des échevins, le bannissement du plaid (2) et sa surveillance (3), dans la vesture enfin (4) et la prise de ban, auxquelles participent avec eux les échevins (5).

— § 35. —

Nous avons expliqué, dans les paragraphes qui précèdent [§§ 28 à 34], il est bon d'y revenir maintenant en un résumé rapide, quel est le caractère des officiers de l'immunité, *advocatus* et *villicus*, quelle est l'origine et quelles sont les attributions de leur office. Nous avons montré cet office procédant de celui des *judices privati*, sur les domaines du souverain et sur ceux des particuliers. Nous avons signalé dans le premier cas, les *judices fisci*, sous diverses dénominations; dans le second, les *advocati* et les *villici* [§ 28]. Nous avons indiqué leur condition originaire d'après les textes des capitulaires [§ 30], les développements ultérieurs de leur rôle d'après ceux du *Gallia christiana* [§§ 32 et 33], et de quelques documents empruntés à d'autres sources [§§ 31 et 34] que nous avons dû consulter aussi, pour suppléer à l'in-

(1) *L'ordonnance des maiours. Étude sur les institutions judiciaires à Metz, du XIIIe siècle au XVIIIe*, dans la *Nouvelle Revue historique du droit français, et étranger*, 1878. — *Etude sur le régime ancien de la propriété. La vesture et la prise de ban à Metz.* Ibidem, 1881.

(2) « Firmare placita, quod vulgariter dicitur *bannen* » [§ 34, n° 28].

(3) Certains détails de la procédure usitée à Gand, suivant la charte de 1259 [§ 34, n° 28], sont dans un accord remarquable avec ceux de la procédure usitée à Metz, et relatée dans les mémoires signalés ci-dessus.

(4) Le « sextarium vini ad investituram » du titre de 1143 [§ 34, n° 8] se retrouve dans les setiers de vin payés à Metz, pour la vesture. — *Etude sur le régime ancien de la propriété*, etc. §§ 10 et 28.

(5) *L'ordonnance des maiours*, etc. § 46; *Etude sur le régime ancien de la propriété*, etc. §§ 10, 29, 30, 31.

suffisance des trop rares indications qu'on trouve sur quelques points de ce sujet dans le *Gallia christiana.*

L'*advocatus* et le *villicus* sont, en principe, il ne faut pas perdre cela de vue, des officiers domaniaux, *judices privati* [§ 28], investis à la longue d'une sorte de caractère public; c'est ce qui a lieu quand les grands domaines privés, ceux surtout appartenant aux églises pourvues de l'immunité, sont devenus à peu près indépendants et arrivent quelquefois à constituer des principautés, des espèces de souverainetés. L'*advocatus* est, à proprement parler, l'officier tout spécial de l'immunité. Le *villicus*, administrateur, dans le principe, du domaine rural, possède dans l'immunité, au-dessous de l'*advocatus* et parfois comme son suppléant, des fonctions analogues à celles de cet officier.

L'*advocatus*, à titre de *judex privatus*, a un rôle en quelque sorte indiqué par la loi même de l'immunité, dont l'objet essentiel est la défense au *judex publicus* de pénétrer sur le territoire privilégié. L'action de l'officier public ne pouvant plus s'exercer qu'au dehors de ce territoire, à l'*advocatus* incombe l'obligation d'amener en sa présence les hommes de l'immunité qui ont à répondre devant lui d'une plainte ou d'une accusation. L'*advocatus* y répond parfois lui-même pour ces hommes ainsi que pour le maître de l'immunité [§ 30]. La locution *justitiam facere* ou ses équivalents qui se rencontrent souvent, se rapporte, dans certains cas, à cette situation. Elle ne signifie pas alors juger, mais faire droit en se soumettant à un jugement et en accomplissant ce que prescrit la sentence (1). Au dedans du territoire privilégié, l'*advocatus* exerce les fonctions que le *judex publicus* aurait dû y remplir; il exécute les perceptions et levées de deniers, et d'une manière générale il est, dans le domaine, chargé de la police sociale [§ 30]. C'est de cette partie de son rôle surtout que procèdent les développements ultérieurs de l'institution.

Le *villicus* est un régisseur, un administrateur [§ 33] dont le rôle fort modeste à l'origine grandit par suite de l'importance que prend graduellement à tous les points de vue le domaine du possesseur. Par les perceptions et levées de

(1) Voir sur cette locution *justitiam facere*, une note ci-dessus [§ 30].

revenus qui sont du ressort du *villicus* et par le droit qu'il
possède d'y employer aussi la force, son rôle se rapproche
de celui de l'*advocatus*. Il finit par remplir quelquefois des
fonctions analogues à celles de cet officier, mais il reste son
inférieur. Il le supplée seulement, et le remplace quelquefois.
Comme lui, il soutient au dehors les intérêts et poursuit les
causes du possesseur devant les juges publics. Au dedans il
a un rôle dans l'exercice de la justice tant civile que criminelle.

L'*advocatus* et le *villicus*, exerçant ainsi qu'il vient d'être
dit sur le territoire de l'immunité des fonctions qui, dans
la perception des revenus notamment et dans les actes
relatifs à la police sociale, peuvent exiger l'emploi de la force,
se trouvent par là nécessairement mis en possession dans
une certaine mesure du droit de contraindre, *districtio ;* et
par la *districtio* ils arrivent graduellement à une sorte de
juridiction. Celle de l'*advocatus* s'exerce dans les causes
criminelles surtout [§§ 31, 32]. L'emploi de la force, la poursuite, la saisie, l'emprisonnement et la punition des coupables lui incombent. La juridiction du *villicus* a une moindre
portée [§§ 33, 34]. De là, pour l'un et pour l'autre, une part
dans les amendes. Outre cela, ils ont un rôle dans la tenue
des plaids, *placita*. Le rôle de l'*advocatus* à ce point de vue
s'exerce surtout à ce qu'il semble dans les plaids annaux,
avec les hommes sujets du domaine [§§ 31, 32] ; le rôle du
villicus, dans les plaids ordinaires, avec les échevins [§ 34].

Cette *placitatio* soit de l'*advocatus* soit du *villicus*, n'est
cependant pas l'acte d'un juge proprement dit. C'est plutôt
celui d'un dépositaire de la force donnant autorité au jugement pour en assurer ultérieurement l'exécution. On trouve
pour cet objet, dans les documents, les locutions *placitum
facere, conservare, firmare, bannire*. On disait à Metz : *bannir
le plaid* [§ 34].

CONCLUSION

§ 36. Le régime de l'immunité. — § 37. Ses conséquences dans la formation pour une part des principautés ecclésiastiques, dans le régime de ces principautés, et dans celui des villes épiscopales.

— § 36. —

Dans les trois parties de ce travail, nous avons considéré successivement l'immunité aux divers points de vue de sa condition première, de ses développements ultérieurs et du rôle ainsi que du caractère de ses officiers. Les paragraphes 17, 27 et 35 contiennent le résumé des considérations relatives à chacun de ces trois ordres de faits.

Pour ce qui est du premier, touchant la condition primitive de l'immunité, nous avons dit que, originairement le privilège a pour objet avant tout l'interdiction aux juges publics d'entrer sur le territoire privilégié et d'y exercer aucune fonction ; ce qui les réduit à n'y agir que par l'intermédiaire des ministres particuliers du possesseur. Le privilège contient en second lieu, dans la plupart des cas, la concession au privilégié des droits que percevait le fisc sur ce territoire par le moyen du *judex publicus,* droits utiles de justice, impôts, redevances, tributs [§ 17].

Pour ce qui regarde les développements ultérieurs du privilège originaire de l'immunité, nous avons reconnu qu'ils étaient dus surtout aux conséquences de deux principes contenus dans ce privilège. Ces conséquences sont d'abord l'extension graduelle et à la longue considérable dans bien des cas, du territoire défendu par l'immunité, en vertu de la clause qui assurait cette condition non seulement aux domaines possédés dans le présent, mais encore à ceux qui pourraient être acquis ultérieurement par le possesseur privilégié. Ce sont après cela les inductions tirées de l'interprétation abusive de certains termes de la concession originaire, droits du fisc, *jus fisci ;* locution un peu vague dans sa généralité, et dont on étend arbitrairement de proche en proche la signification, primitivement limitée, et n'exprimant d'abord que des droits utiles, c'est-à-dire des produits et revenus à percevoir sur le territoire de l'immunité. L'interprétation du *jus fisci* prend une gravité notable par suite de ce travail de développement, et en raison de la confusion qui s'établit de plus entre la locution originaire, *jus fisci,* et celle en apparence équivalente de *regalia jura,* laquelle concerne spécialement certains droits exprimés souvent aussi par les mots *palatium, moneta, mercatum, minariæ, salinæ,* etc.: droits importants considérés comme des attributs exclusifs de la souveraineté, et dont la possession plus ou moins légitime est à son tour interprétée comme emportant celle de la souveraineté elle-même, sur les territoires, *comitatus, centena, civitas,* où ils s'exercent. Ceux-ci peuvent même dépasser quelquefois les limites du domaine privilégié. C'est là le dernier terme du développement donné à l'immunité. Ces abus d'ailleurs et les consé-quences qui en résultent ne sont pas exclusivement le fait de l'immunité, mais appartiennent également au régime bénéfi-ciaire. Ils sortent des concessions de bénéfice aussi bien que des concessions d'immunité : les premières généralement mais non pas exclusivement accordées aux laïques, les der-nières, surtout aux églises [§ 27].

Quant aux officiers de l'immunité, ce sont les ministres particuliers du possesseur, simples agents dont le rôle pri-mitif, assez modeste, est tout naturellement agrandi dans les lieux dépendant du domaine de celui-ci, par suite de la dé-fense faite aux juges publics de pénétrer sur le territoire cou-vert par le privilège. Ces ministres particuliers sont l'*advo-catus* et le *villicus,* dont l'origine est d'ailleurs étrangère au régime de l'immunité. Leurs fonctions consistent, en prin-cipe, à exercer les droits du possesseur. Dans le territoire de l'immunité, ils agissent en outre comme intermédiaires ou comme suppléants des *judices publici* écartés de ce territoire. Ce sont des *judices privati,* chargés d'y exercer la police so-ciale. Cette obligation entraine nécessairement pour eux, dans une certaine mesure, la possession du droit de con-traindre, *districtio ;* source principale du développement ulté-

rieur de leur rôle. Ce développement s'opère dans le sens de
l'action, par les garanties qu'il leur appartient de fournir à
l'autorité judiciaire, et par le droit qui leur incombe également d'exécuter ses décisions. A ces attributions, ils joignent
encore une certaine juridiction d'ordre criminel surtout, qui
résulte, comme conséquence, de leur rôle dans l'exercice de
la police sociale [§ 35].

Telles sont les données que fournit l'étude des documents
relatifs à l'immunité. Ce privilège, comme on le voit, n'est
pas la concession de l'indépendance, encore bien moins celle
de la souveraineté [§ 17]. Il n'est pas non plus la concession
de la juridiction ni le principe de la justice privée, bien qu'on
ait tenté parfois de rattacher celle-ci à cette origine [§ 8]. La
fameuse clause *nec ad causas audiendas* notamment, n'a pas
cette signification qu'on a vainement cherché à lui donner
[§ 17]. La concession du *jus fisci* ne l'a pas davantage, quoiqu'on lui ait accordé abusivement cette portée à une certaine
époque [§ 20]. Tout au plus serait-il permis d'admettre que la
jouissance du droit de contraindre, *districtio,* qui, pour le
possesseur et ses officiers, résulte indirectement du privilège [§ 12], a pu avoir quelque part à ce déplacement de la
juridiction [§ 17].

La justice privée semble plutôt, soit dit en passant, sortir
comme développement d'un principe de droit commun, de
certaines particularités du droit de propriété, et résulter pour
une bonne part des attributs du *dominium* et du *patronatus,*
des droits du maître sur ses hommes propres [§ 12], du privilégié sur les sujets libres et non libres habitant son domaine
[§ 18]. L'immunité a pu contribuer efficacement, mais d'une
manière purement accessoire cependant, à l'institution des
justices privées [§ 17].

— § 37. —

L'immunité n'est donc pas le fondement originaire de la
justice privée. On peut avec plus de raison y reconnaître un
des principes mais non par l'unique principe de la formation
de certaines principautés indépendantes, les principautés

ecclésiastiques particulièrement. Elle concourt à ce résultat dans les conditions que nous avons indiquées dès les premières lignes de ce travail, en la signalant comme une des causes, une des formes au moins du morcellement de l'autorité publique et de l'aliénation de ses principaux attributs ; comme une des conditions de leur abandon partiel aux possesseurs ; comme une des sources de la confusion qui s'en fait entre leurs mains avec la propriété elle-même [§ 1]. L'immunité a sa part d'action dans ces transformations, comme le bénéfice et comme le fief, dont les termes originaires et les développements présentent en plus d'un point des analogies avec les concessions qui font le sujet principal ou accessoire de l'immunité, et avec les modifications que ces concessions subissent aussi graduellement. Ces modifications aboutissent souvent à des prises de possession de territoires, résultat indirect de la jouissance de certains droits, *jus fisci,* dont la concession accompagne ordinairement celle du privilège d'immunité [§ 26].

L'immunité, comme le bénéfice, et le fief, fait passer ce qui était du domaine public, des mains du souverain dans celles du seigneur, auparavant simple possesseur. Elle est la forme habituelle de cette évolution dans l'ordre des faits ecclésiastiques, comme le bénéfice et le fief le sont dans l'ordre des faits d'un caractère laïque. Ces deux modes de transformation agissent d'ailleurs non seulement chacun de leur côté dans la sphère qui leur est propre, mais se mêlent quelquefois aussi dans une action commune. Bien des principautés ecclésiastiques non seulement procèdent de la constitution d'immunité, mais se complètent encore par la concession de bénéfices et de fiefs. Les officiers de l'immunité, *advocati, villici,* se rencontrent souvent avec ceux du bénéfice ou du fief, avec les comtes également, dans la possession et l'exercice de droits identiques, les anciens droits du souverain, *jus fisci, regalia jura.* De là des situations complexes dont les données se diversifient à l'infini, ce qui fait que la condition des officiers de l'immunité est loin d'être finalement et partout uniformément la même.

L'immunité avait trouvé dans les *advocati,* les *villici,* et autres agents particuliers du possesseur, les officiers qui con-

venaient à l'exercice spécial de ses droits, et au service de ses
intérêts. Ces officiers de leur côté, dont l'origine est étrangère
à la constitution de l'immunité, étaient entrés dans ce régime
assez complètement pour paraître avoir été créés avec lui et à
son intention. Il n'en est pourtant pas ainsi. Dans bien des cas,
les *advocati* et les *villici* n'ont rien de commun avec l'immunité. Leur fonction qui correspond souvent à l'organisation de
ce régime spécial en est quelquefois aussi tout à fait indépen-
dante. Il serait donc imprudent de conclure toujours de leur
présence à l'existence de celui-ci, et de tirer de là des conclusions dans ce sens sur le caractère des institutions qu'ils
accompagnent.

Moyennant la réserve que commande cette observation,
les particularités relatives aux offices des *advocati* et des *villici*
s'offrent comme un objet d'étude très propre à éclairer l'histoire des États dont la situation procède du régime originaire
de l'immunité, l'histoire des principautés ecclésiastiques, celle
aussi des villes épiscopales, et le mécanisme des institutions
en vigueur, dans les unes et dans les autres [§ 1]. Il ne faut
pas perdre de vue néanmoins que dans la constitution des
principautés ecclésiastiques, aussi bien que dans celle des
villes épiscopales, devenues souvent par la suite des villes
libres, se rencontrent, avec ce qui peut leur venir de l'ancienne
immunité, des éléments d'un caractère très différent ; savoir,
pour les États ecclésiastiques, ce qu'ils doivent entre autres
choses au régime féodal qui les a partout plus ou moins péné-
trés ; pour les villes épiscopales, ce qui leur vient du régime
particulier des Communautés urbaines, du Patriciat notamment, constitué dans la plupart d'entre elles, et des corps dé-
mocratiques de Métiers qu'on y trouve généralement, avec
les offices spéciaux et autres institutions se rapportant à ces
organismes et consacrés au service de leurs intérêts.

Il n'y a rien d'absolu, on le voit, dans les conclusions que
l'on peut tirer d'une étude de l'immunité, en ce qui concerne
les principautés ecclésiastiques et les villes. L'immunité n'est
pas toujours, et n'est surtout pas exclusivement la source
des institutions qu'on y voit fonctionner. Elle ne saurait fournir sans réserve l'explication des particularités qu'on y remarque. On ferait donc fausse route à vouloir tout rattacher

dans la constitution de ces corps politiques à ce régime d'exception.

L'étude de l'immunité n'en tient pas moins une place légitime et nécessaire dans les prolégomènes de l'histoire des principautés ecclésiastiques et des villes au moyen âge.

Châteauroux. — Typ. et Stéréotyp. A. MAJESTÉ.

Châteauroux. — Typ. et Stéréotyp. A. MAJESTÉ.